Gestão
de salões de
BELEZA

Gestão de salões de BELEZA

Maria Sueli Mendonça
Rosane Succk Tavares

Editora intersaberes

Sumário

Como aproveitar ao máximo este livro 6

Apresentação 8

1 Conhecendo o salão de beleza 10

2 Mercado de trabalho 48

3 Administrando seu negócio 71

4 Marketing do salão de beleza 111

5 Atendimento ao cliente 140

6 Aspectos legais 156

Considerações finais 174

Referências 177

Sobre as autoras 181

Como aproveitar ao máximo este livro

As seções abaixo auxiliarão você a assimilar melhor os conteúdos desta obra.

Lembre-se!

Aqui serão reiteradas informações que estão relacionadas aos assuntos da obra.

Importante!

Informações importantes referentes às temáticas da obra serão destacadas nesta seção.

Momento produção!

Neste espaço, você poderá praticar, por meio de exercícios, os ensinamentos adquiridos no decorrer da leitura.

Fique atento!

As frases que serão destacadas neste espaço contêm informações relevantes e, por isso, merecem a sua atenção.

Você sabia?

Por meio da leitura desta seção, você descobrirá curiosidades envolvendo os assuntos abordados nesta obra.

Apresentação

Você provavelmente já ouviu falar que a **administração** é uma **ferramenta importante para o sucesso de um empreendimento**. Mas, afinal, o que é a administração? De acordo com Carvalho (2008, p. 11), a *administração* pode ser definida como "o processo de planejar, organizar, dirigir e controlar o uso de recursos com a finalidade de alcançar os objetivos das organizações". Desse modo, administrar uma empresa envolve a **compreensão dos objetivos da organização**, transformando-os em ações por meio do planejamento, da organização e do controle. E, para que isso seja possível, é necessário que o administrador tenha **conhecimento de como funciona**

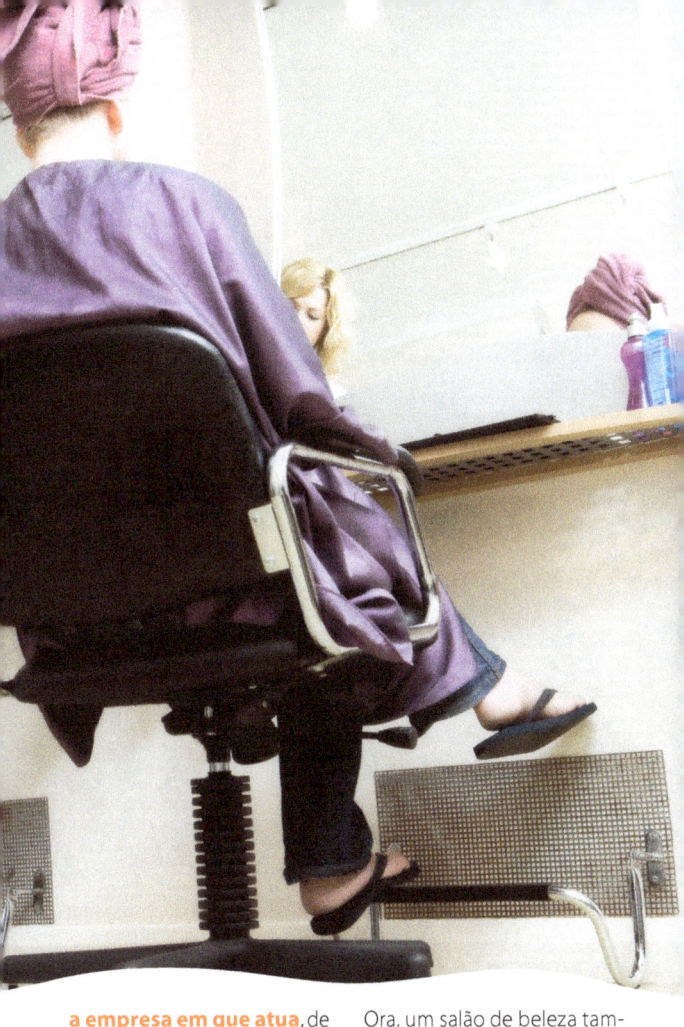

a empresa em que atua, de **quem são seus funcionários**, de **quais são os serviços prestados**, de **como são os processos financeiros** e do perfil do **mercado de trabalho de sua área de atuação**, de modo que, ao gerir todos esses recursos, possa oferecer **serviços e produtos com a qualidade que o cliente espera**.

Ora, um salão de beleza também é uma empresa e, como as demais, também precisa ser gerido. Por isso, este livro tem como objetivo dar a você, profissional do ramo de beleza, **dicas e sugestões de como você pode administrar o seu negócio**. Para que você possa compreender ainda mais o meio em que trabalha, dividimos este livro em **seis capítulos**, que abordarão aspectos referentes ao nicho de mercado da beleza que um administrador de salão de beleza deve conhecer.

O **primeiro** dará a você uma noção do que é um salão de beleza, como ele funciona, quem são seus funcionários, quais funções estes desempenham e como deve ser a disposição do *layout* para proporcionar mais conforto ao cliente. O **segundo** trará informações relacionadas ao mercado da beleza, às vantagens em se trabalhar no ramo da estética e aos caminhos para a sua ascensão na carreira. O **terceiro** fará uma abordagem sobre a administração voltada aos salões de beleza, iniciando com o processo de contratação de mão de obra e formas de contrato, passando pelo gerenciamento de compras e estoque e finalizando com uma explanação sobre a rotina financeira do salão de beleza – desde a formação de preços até o fechamento do caixa.

O **quarto** tratará do *marketing* voltado à divulgação do seu negócio e contará com sugestões de mídias e ações promocionais para o salão de beleza. O **quinto** abordará a importância do bom atendimento ao cliente, principal interessado nos serviços de um salão de beleza. Por fim, o **sexto e último capítulo** falará a respeito dos aspectos legais concernentes à vigilância sanitária.

Esperamos que você tenha uma leitura proveitosa!

1 CONHECENDO o salão de beleza

O **sucesso** de qualquer empreendimento, independentemente do seu **segmento de atuação**, está ligado ao conhecimento e à informação que o gestor tem de sua organização e do mercado em que ela está inserida. Em resumo, o dono de salão de beleza deve **conhecer seu negócio, quem são os seus funcionários** e as **funções que cada um desempenha**, pois estes são detalhes de extrema importância para o sucesso no ramo da beleza.

O que é um salão de beleza?

Salão de beleza é um **espaço comercial** destinado aos **cuidados com a aparência** e **voltado ao bem-estar**. Os clientes, geralmente, agendam um horário para um simples corte de cabelo ou para aplicações de tratamentos químicos capilares, como escovas progressivas, escova inteligente, luzes, mechas, coloração, além de outros serviços, como depilação e manicure, mediante pagamento de determinada quantia.

Qual é a estrutura básica de um salão de beleza?

Para que o salão de beleza ofereça seus serviços básicos, como corte de cabelo, manicure e pedicure, o estabelecimento não pode ter uma área inferior a 10 m², com 2,50 m² de largura. Nesse espaço devem constar uma cadeira para cabeleireiro, um lavatório, uma bancada de manicure e pedicure, um banheiro, armários para armazenagem de produtos e equipamentos. Esse espaço também deve permitir que a área de atendimento seja separada da de recepção de clientes (que, por sua vez, deve contar com cadeiras).

A figura a seguir é um exemplo de *layout* para um salão de beleza com uma estrutura mínima de funcionamento.

Layout de um salão de pequeno porte

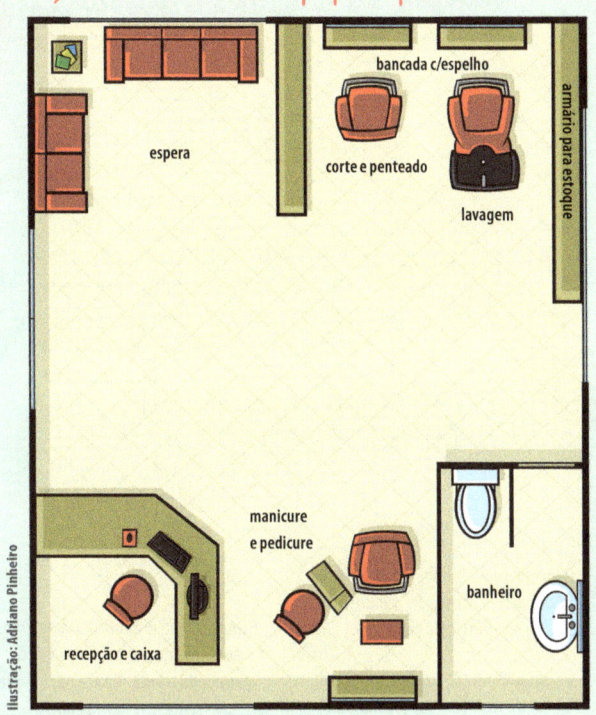

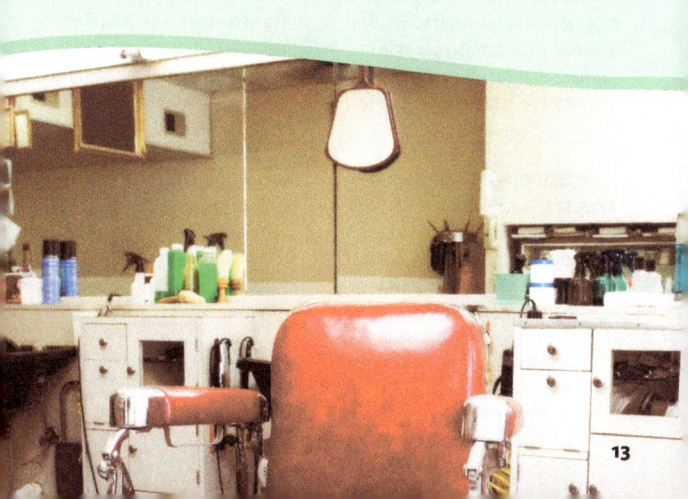

Ilustração: Adriano Pinheiro

Importante!

Layout é um termo inglês que significa "arrumação". Em outras palavras, é o modo de distribuição dos elementos em determinado espaço. Trata-se de uma ferramenta que pode auxiliá-lo a organizar e a aproveitar melhor os espaços e a estrutura disponível do seu estabelecimento, independentemente do porte que ele tem ou venha a ter.

O *layout* de um salão de beleza deve priorizar a privacidade, o bem-estar e o conforto dos clientes.

Os equipamentos e produtos necessários ao trabalho dos profissionais devem estar próximos destes, de modo que se possa evitar atividades desnecessárias (circular por todo salão para alcançar um equipamento, por exemplo) e facilitar a execução das tarefas.

Algumas atividades que podem causar constrangimento ao cliente (como coloração dos cabelos e depilação) devem ser realizadas mais ao fundo do estabelecimento ou em um ambiente reservado.

É importante organizar as bancadas de forma que os profissionais fiquem lado a lado. Nunca os coloque de frente uns para os outros.

O ambiente deve ser bem iluminado para facilitar o trabalho dos profissionais. Imagine a bancada do maquiador sem a iluminação adequada! Lâmpadas de má qualidade podem não dar a real noção de como ficou o serviço, fazendo com que o cliente saia insatisfeito. Para evitar erros, consulte um profissional da área.

Exemplo de layout de um salão de grande porte

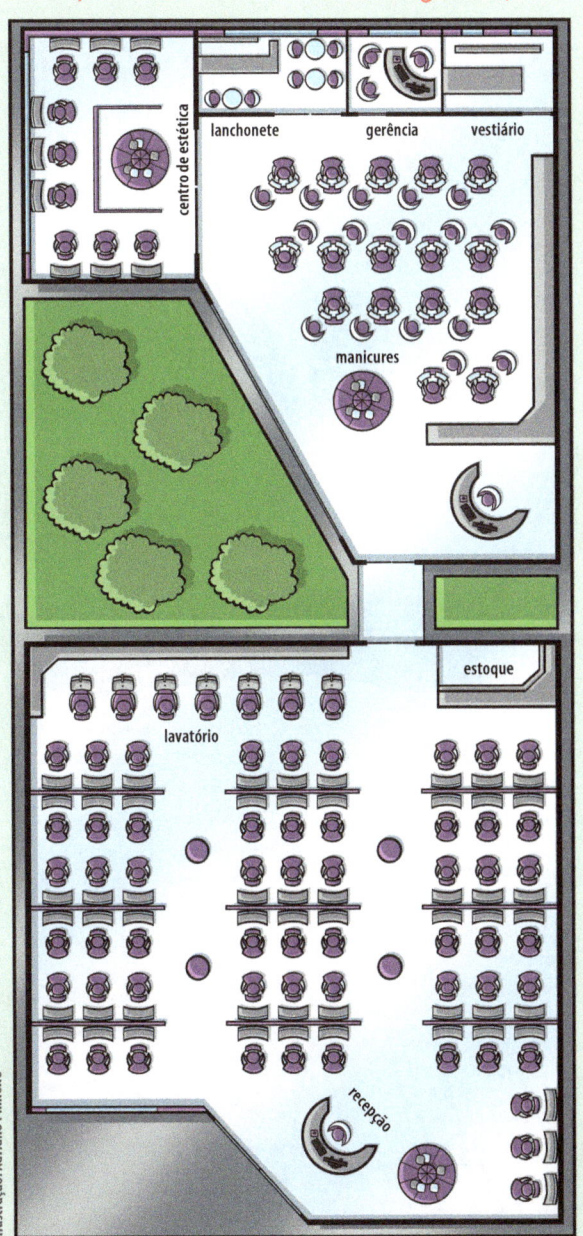

- centro de estética
- lanchonete
- gerência
- vestiário
- manicures
- estoque
- lavatório
- recepção

Ilustração: Adriano Pinheiro

15

Quais são os serviços oferecidos por um salão de beleza?

Os serviços a serem oferecidos por um salão de beleza dependem da **estrutura física do salão** (alguns serviços, como estética e podologia, dependem de salas e equipamentos específicos), **da qualificação dos profissionais**, do **público-alvo** ao qual o estabelecimento se destina, além do seu **ramo de atividade**.

Como exemplo de serviços oferecidos por um salão de beleza de grande porte, podemos citar os ilustrados no quadro apresentado na página a seguir:

Serviços oferecidos por um salão de beleza de grande porte

Serviços de cabelo	
Corte e penteado masculino	Escova
Corte e penteado feminino	Escova Inteligente
Corte e penteado infantil	Escova Progressiva
Ondulação	Escova Marroquina
Aplicação de mechas	Escova Infantil
Lavagem de cabelos	Alisamento
Permanente	Hidratação Simples
Tintura	Hidratação Completa
Tonalizante	Coloração
Reflexos	Alongamento
Relaxamento	Cauterização
Serviços para mãos e pés	
Cutilação	Aplicação de esmalte
Podologia	Decoração de unhas
Tratamento de fundo	Esfoliação
Polimento	Aplicação de unhas de porcelana
Outros serviços	
Estética de sobrancelha	Depilação Simples
Banho de Lua	Depilação Artística
Estética de cílios	Maquilagem
Pequenos tratamentos de pele	

Fonte: Adaptado de Aguiar; Medeiros, 2009, p. 10.

Além dos serviços ilustrados neste quadro, o salão também pode vender produtos voltados aos cuidados com a beleza, como cremes, xampus e maquilagem, até bijuterias e acessórios para cabelo.

Classificação dos salões de beleza

Não existe uma classificação oficial para os salões de beleza. Normalmente, os salões são classificados de acordo com o *tamanho* que possuem ou com o *público* que atendem.

De acordo com o **público**, os salões podem ser divididos em: **unissex, feminino, masculino** e **infantil**.

Você sabia?

Nos últimos anos, os homens têm buscado cada vez mais serviços de salão que eram tidos como unicamente femininos. Um exemplo dessa situação é o aumento do número de homens que procuram os serviços de depilação.

Já em relação ao **tamanho**, os salões também podem ser classificados segundo o seu **porte**, que pode ser: **pequeno**, **médio** ou **grande**. O **tamanho do salão também influenciará no número de funcionários**, como pode ser visto na tabela a seguir.

Número de empregados de acordo com o porte do estabelecimento

Porte	Empresa de beleza	Demais empresas
Pequeno	Até 15	Até 99
Médio	De 16 a 49	De 100 a 399
Grande	De 50 em diante	De 400 em diante

Fonte: Milani; Vidotto, 2004, p. 33.

Outra possível classificação dada aos salões está relacionada às classes sociais. Há **salões voltados a um público com menor poder aquisitivo**, que, geralmente, funcionam em bairros. Existem também **salões mais luxuosos**, localizados em *shopping* e bairros nobres, voltados àqueles com **maior poder aquisitivo**.

Cargos, funções e competências

Todos os profissionais que trabalham em salões de beleza precisam ter a **competência técnica** necessária para desempenhar as suas funções. Contudo, **ter tal qualidade não é suficiente**; é necessário também que o profissional possua **autoconhecimento** e seja capaz de se **comunicar com as pessoas**.

Em um salão de beleza, convivemos com pessoas muito diferentes.

Ter **autoconhecimento** sobre nossa personalidade pode nos auxiliar a compreender e respeitar essas diferenças. Além disso, qualidades como autoestima, humor, ética, confiança, credibilidade, segurança na realização do trabalho, boa visão, perfeccionismo, esmero na aparência e na higiene pessoais são componentes indispensáveis para um bom convívio social e profissional.

Assim, para que se possa oferecer um atendimento personalizado e favorecer o bom relacionamento com os clientes, o profissional competente deve por em prática todos os seus conhecimentos.

Fique atento!

Perceber as necessidades do cliente e prestar-lhe consultoria em todos os procedimentos é sua obrigação, pois ele pode, em algumas ocasiões, não conseguir se expressar claramente.

É isso que significa **competência**: utilizar e mobilizar o seu conhecimento, suas habilidades, seus valores e suas emoções para realizar uma tarefa ou lidar com uma situação.

Exemplificando

Para entendermos melhor o uso das competências no atendimento ao cliente, preste atenção neste exemplo:

O cliente, ao chegar no salão, é recepcionado pelo recepcionista e, em seguida, encaminhado ao cabeleireiro, sendo apresentado pelo seu nome.

O profissional o recebe com um sorriso cordial e o ouve com atenção. Após compreender o que o cliente deseja, e com os conhecimentos que possui, sugere ao cliente qual é o procedimento mais adequado.

Contudo, para que o profissional possa fazer essa sugestão, ele precisa identificar o tipo de cabelo e as características do cliente, bem como conhecer os diferentes tipos de cortes, para, dessa forma, escolher o procedimento mais adequado ao perfil do cliente.

No momento do corte, o cabeleireiro demonstra habilidade no manuseio da tesoura ou da lâmina de corte. Ele também avalia o procedimento escolhido, passo a passo, para alcançar o resultado combinado.

O cabeleireiro está sempre atento a alguma sinalização por parte do cliente, seja em relação a algum acabamento, seja em relação a alguma queixa.

Terminado o corte, o cliente sai satisfeito do salão, pois teve seus desejos atendidos.

O cabeleireiro, terminado o serviço, limpa rapidamente os cabelos desprezados no corte, higieniza os materiais utilizados e, em seguida, já está pronto para atender a outro cliente.

Assim, vimos que este profissional se utilizou de diversas competências para atender ao cliente: os seus conhecimentos sobre cortes e tipos de cabelos, sua percepção quanto às reações do cliente, além de seus conhecimentos a respeito de como proceder após o término do serviço e de como higienizar os materiais utilizados.

Lembre-se!

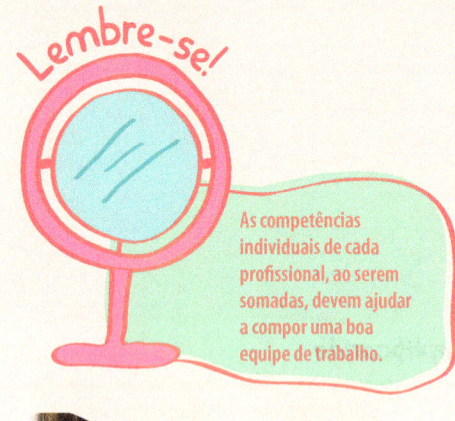

As competências individuais de cada profissional, ao serem somadas, devem ajudar a compor uma boa equipe de trabalho.

Mas, afinal, quais são as competências necessárias ao profissional de beleza?

As competências exigidas dos profissionais de beleza estão relacionadas aos cuidados com a aparência, a estética, a autoestima, a saúde dos clientes, e alinhadas às estratégias de sucesso do negócio do salão.

A seguir, veremos a descrição das funções dos profissionais que trabalham em um salão, das características dessas atividades, da formação necessária para atuar na área, além dos instrumentos utilizados por cada categoria.

Cabeleireiros

São os profissionais que, por meio de técnicas e instrumentos, **cuidam da saúde, da beleza e vitalidade dos cabelos**.

Esses profissionais podem trabalhar como autônomos ou prestar serviços em suas próprias casas. Porém, grande parte opta por trabalhar em salões ou abrir seu próprio negócio.

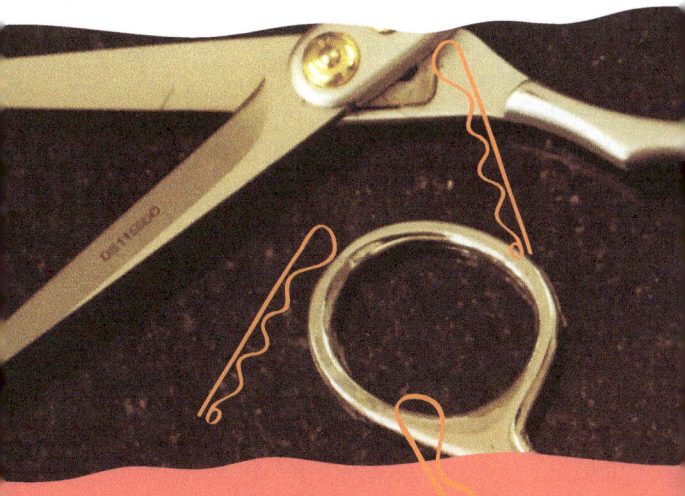

Principais atividades da função

- Lavagem e enxágue dos cabelos (essa atividade pode ser feita pelo auxiliar);
- Cortes diferenciados de cabelos;
- Secagem rápida ou escovada dos cabelos (essa atividade pode ser feita pelo auxiliar);
- Modelagem (penteados ou escovas);
- Aplicação de cremes (touca térmica);
- Aplicação de químicas;
- Aplicação de tinturas;
- Aplicação de mechas;
- Alisamento ou permanente em cabelos.

Características necessárias ao profissional

- Gosto apurado;
- Habilidade manual e senso estético;
- Conhecimento sobre os diferentes tipos e cortes de cabelo, tinturas e demais procedimentos para atender ao cliente e orientá-lo, com critérios de segurança;
- Atenção e zelo com os detalhes;
- Familiaridade com as tendências e inovações do mercado.

Instrumentos de trabalho

- Pentes;
- Tesouras;
- Escovas;
- Prendedores e grampos;
- Secadores;
- Pranchas;
- Tinturas e descolorantes;
- Xampus;
- Luvas, toucas, capas plásticas, entre outros.

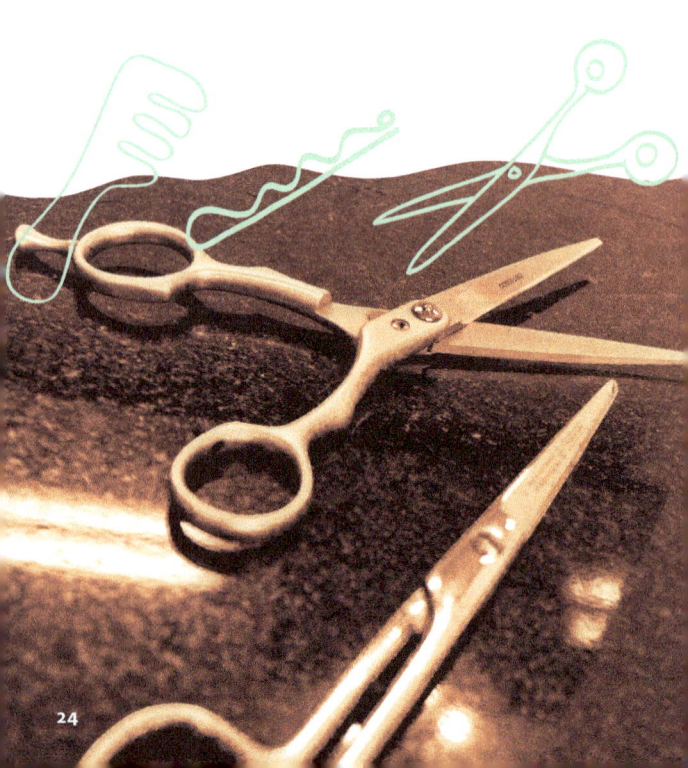

Formação profissional

A habilidade e a experiência do profissional se sobressaem na formação desse profissional, pois seu desempenho depende das competências pessoais e do interesse pessoal na atividade. **A profissão ainda não está regulamentada por lei**; contudo, existem cursos, revistas e *sites* que ensinam técnicas, orientam sobre os riscos no manuseio dos materiais e abordam as novidades da profissão, aumentando o conhecimento e a competência técnica dos cabeleireiros.

Há vários cursos oferecidos na área. Como exemplo, podemos citar: cursos de alisamento e relaxamento, aplicação de *mega hair*, escova progressiva e definitiva, recuperação de fios de cabelos abertos, quebrados e opacos, mechas e descoloração, entre outros.

Depilador

É o profissional responsável por **remover os pelos**, com cera e pinça, da face (sobrancelha, buço e queixo), das axilas, das pernas e das regiões íntimas. Também é sua atribuição higienizar o seu espaço de trabalho e mobiliário, descartando as ceras utilizadas e os resíduos da atividade.

Principais atividades da função

Orientar e atender ao cliente na remoção dos pelos e penugens, apresentando as técnicas disponíveis.

Características necessárias ao profissional

Familiaridade com as diversas técnicas e os cuidados na remoção de pelos e penugens, observando a higiene e a esterilização dos materiais utilizados;

Discrição, agilidade e atenção em relação às queixas e às exigências do cliente;

Respeito à intimidade do cliente;

Habilidade manual e senso estético, pois sua atuação pode comprometer o visual do cliente;

Boa aparência, higiene;

Pontualidade, busca pela qualidade no atendimento e conhecimento sobre as técnicas e os produtos utilizados.

Instrumentos de trabalho

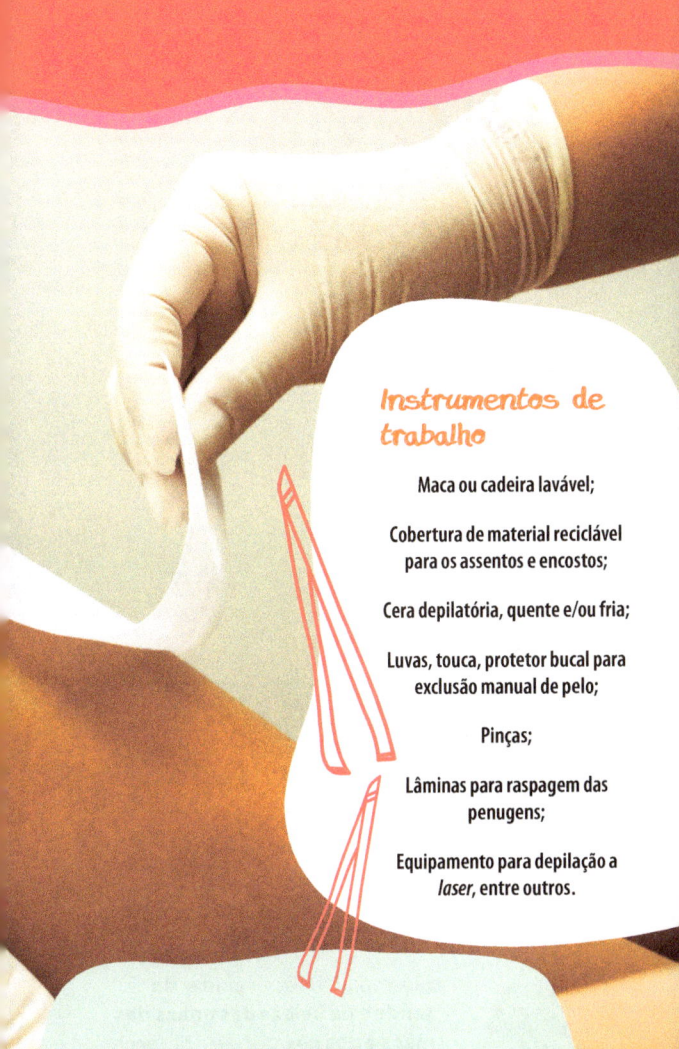

Maca ou cadeira lavável;

Cobertura de material reciclável para os assentos e encostos;

Cera depilatória, quente e/ou fria;

Luvas, touca, protetor bucal para exclusão manual de pelo;

Pinças;

Lâminas para raspagem das penugens;

Equipamento para depilação a *laser*, entre outros.

Formação profissional

Não há uma exigência formal para exercer essa profissão. Porém, existem cursos que habilitam o profissional, tais como os de depilação feminina, masculina e artística.

Manicure e pedicure

São responsáveis por **cuidar da saúde e da beleza das unhas das mãos e dos pés**, por meio de técnicas e instrumentos. Geralmente, trabalham como autônomos e prestam serviços em suas próprias casas, no domicílio do cliente ou em salões ou centros de estética.

Principais atividades da função

Atender ao cliente e orientá-lo quanto aos cuidados com as unhas das mãos e dos pés;

Aparar e lixar unhas;

Aplicar cremes esfoliantes e umectantes para retirada de cutículas;

Retirar cutículas;

Esmaltar e decorar unhas com esmalte, pintura decorativa ou adição de adesivos e base protetora;

Aplicação de unhas sintéticas (porcelana ou silicone) sobre as unhas naturais.

Características necessárias ao profissional

Concentração;

Tolerância à rotina;

Agilidade;

Detalhismo;

Interesse por inovações, organização e comunicabilidade;

Senso estético e habilidade manual.

Instrumentos de trabalho

Alicates para o corte de unhas e de cutículas;

Espátulas;

Lixas;

Esmaltes;

Acetona;

Algodão;

Kits descartáveis com lixas, espátulas de madeira, adesivos decorativos;

Luvas e protetores e plásticos para bacias.

Importante!

A esterilização dos equipamentos após cada atendimento e o uso de materiais descartáveis evita a transmissão de doenças como Aids e hepatites, e infecções, como as micoses.

Formação profissional

A **profissão ainda não está regulamentada por lei**. No entanto, existem cursos, revistas e *sites* que ensinam técnicas, indicam cuidados com o manuseio do material e mostram as novidades da profissão, aumentando o conhecimento e a competência técnica desses profissionais.

Esteticista

A atividade desse profissional está voltada aos **cuidados na manutenção e no restabelecimento da beleza e saúde da pele**, por meio da aplicação de técnicas de tratamento, uso de equipamentos e de produtos cosméticos. Em geral, são profissionais autônomos ou prestadores de serviços, além de atuarem em centros de estética, *spas*, academias, domicílios e outros.

Principais atividades da função

Higienização, revitalização e cuidados com a pele;

Tratamento contra a acne com técnicas cosméticas;

Esfoliação corporal;

Massagens, banhos e descoloração de pelos;

Drenagem linfática corporal;

Eletroterapia para fins estéticos;

Depilação;

Máscaras de face, pescoço e colo;

Maquilagem;

Tratamento de mãos e pés;

Hidratação corporal;

Atividades inerentes à cosmetologia (desenvolvimento, aprimoramento, criação e compreensão de formulações cosméticas);

Escolher, indicar e utilizar cosméticos e tecnologias de acordo com a preferência e necessidade do cliente.

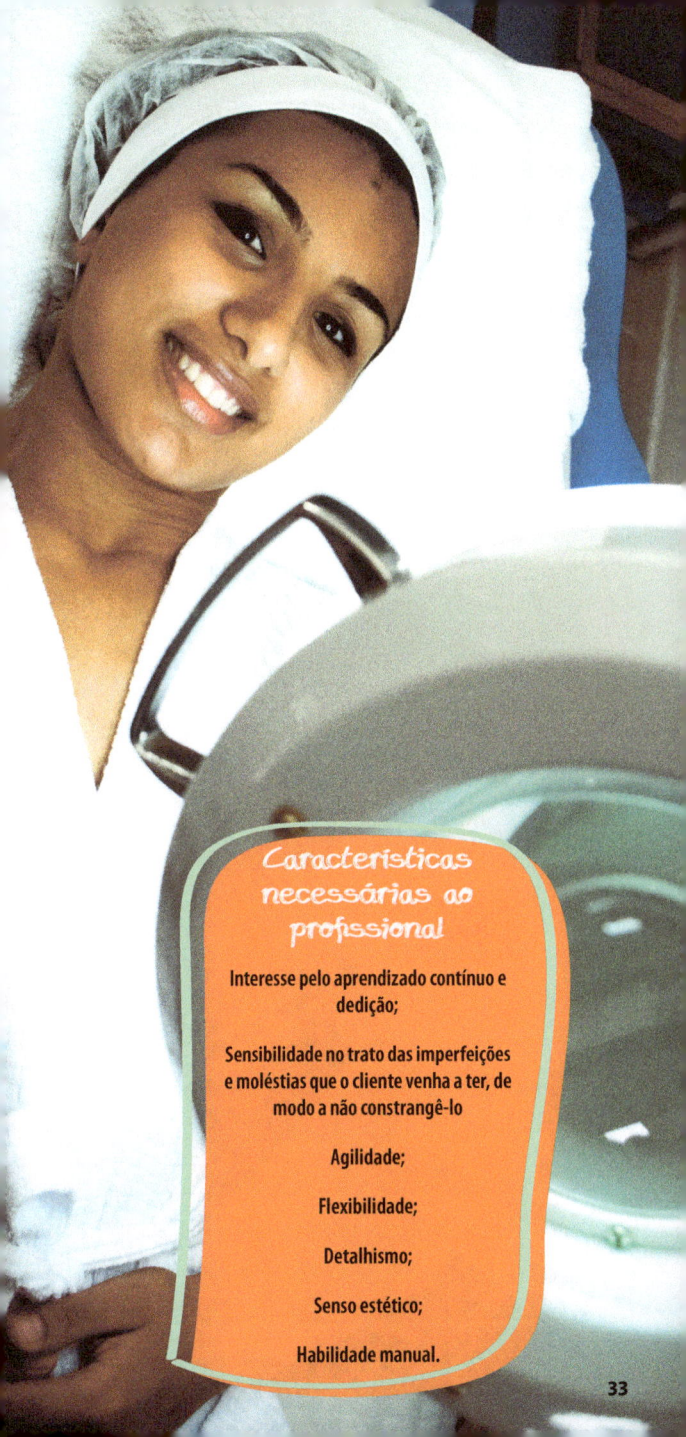

Características necessárias ao profissional

Interesse pelo aprendizado contínuo e dedição;

Sensibilidade no trato das imperfeições e moléstias que o cliente venha a ter, de modo a não constrangê-lo

Agilidade;

Flexibilidade;

Detalhismo;

Senso estético;

Habilidade manual.

Instrumentos de trabalho

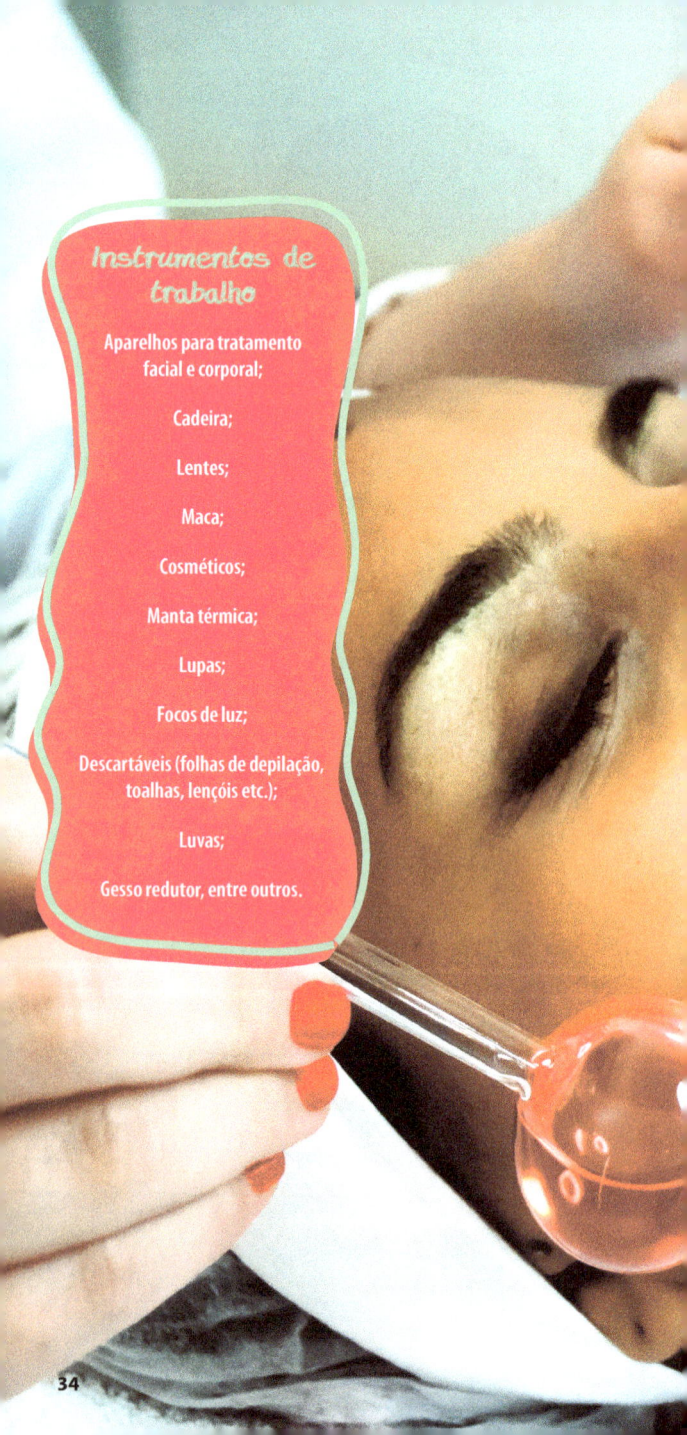

Aparelhos para tratamento facial e corporal;

Cadeira;

Lentes;

Maca;

Cosméticos;

Manta térmica;

Lupas;

Focos de luz;

Descartáveis (folhas de depilação, toalhas, lençóis etc.);

Luvas;

Gesso redutor, entre outros.

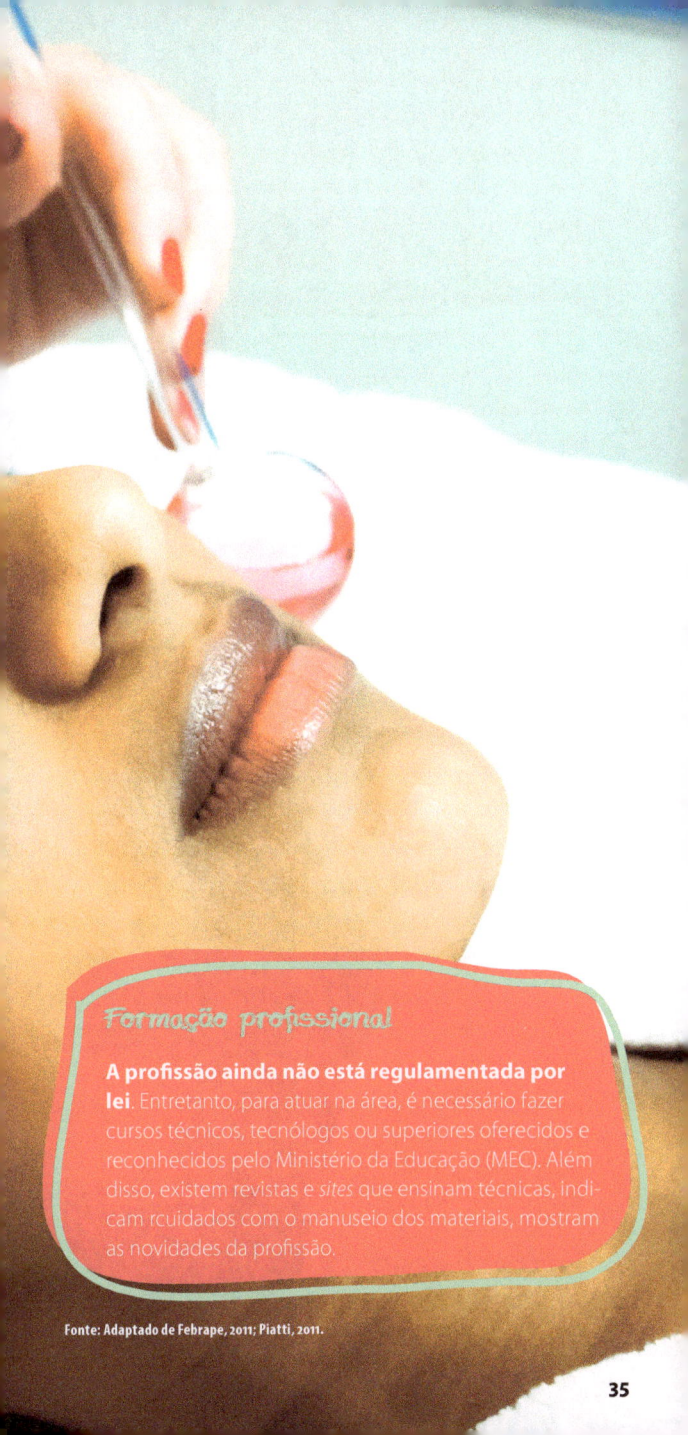

Formação profissional

A profissão ainda não está regulamentada por lei. Entretanto, para atuar na área, é necessário fazer cursos técnicos, tecnólogos ou superiores oferecidos e reconhecidos pelo Ministério da Educação (MEC). Além disso, existem revistas e *sites* que ensinam técnicas, indicam rcuidados com o manuseio dos materiais, mostram as novidades da profissão.

Fonte: Adaptado de Febrape, 2011; Piatti, 2011.

Maquiador

É o responsável por **maquiar, modelar sobrancelhas, curvar e alongar cílios, além de colocar cílios postiços**. Em geral, são profissionais autônomos, prestadores de serviços ou com registro em carteira. Atuam em centros de estética, ambiente televisivo e publicitário, teatro, desfiles, *spas*, em domicílios etc.

Com o desenvolvimento da indústria cosmética e a atenção voltada à aparência, esses profissionais têm sido cada vez mais valorizados. Muitos acabam se destacando no meio estético, o que acaba por fortalecer a marca de um salão devido à presença destes.

Você sabia?

A maquiagem em pessoas falecidas tem sido procurada como forma de preservação da imagem destes como eram em vida. Esse tipo de atividade possui remuneração maior devido à peculiaridade do trabalho e à falta de profissionais para o atendimento.

Principais atividades da função

Higienizar superficialmente a pele;

Identificar o tipo de rosto e se a maquiagem será para dia ou noite ou especial para dia festivo;

Escolher entre as maquiagens – natural, corretiva ou outra;

Avaliar a pele;

Preparar e retirar a oleosidade da pele, para a maquiagem;

Corrigir imperfeições;

Maquiar;

Negociar com o cliente os prazos e as etapas da realização do uso anterior ou posterior de demaquilante;

Escolher, orientar quanto ao uso adequado dos cosméticos e de tecnologias de acordo com a preferência e necessidade do cliente.

Características necessárias ao profissional

Conhecer os tipos de maquiagem, texturas, pele e rosto;

Assim como o cabeleireiro, esse profissional deve **ter noção de conjunto**, compondo a maquiagem com o *look* e com as características e o gosto do cliente;

Seu conhecimento deve estar voltado ao uso diferenciado e harmônico da maquilagem, atendendo aos diversos tipos de pele e formatos de rosto;

O maquiador também deve ter conhecimento de estética, como composição de cores, habilidades com pincéis, pinças, entre outros.

Formação profissional

Esse profissional também não tem sua profissão regulamentada, não existindo uma formação escolar obrigatória. O mercado de trabalho, em geral, realiza, para a contratação desse profissional, um teste prático, avaliando seus conhecimentos teóricos e práticos. Também fazem parte dos critérios de seleção os trabalhos relevantes de sua experiência profissional e a sua participação em cursos e *workshops*.

Fonte: Adaptado de Brasil Profissões, 2011.

Instrumentos de trabalho

Base líquida;

Pó compacto;

Corretivo;

Blush;

Sombras;

Máscara para cílios/rímel;

Lápis para olhos;

Delineador;

Batons;

Demaquilante;

Iluminador para os olhos;

Produtos para a hidratação e limpeza;

Pincéis;

Esfumaçadores;

Algodão;

Cremes, entre outros.

Lembre-se!

Um bom profissional terá produtos de cores e marcas variadas, adequados para cada tipo de tom de pele e ocasião (maquiagem para se usar à noite, por exemplo).

Administrador

É o responsável por **organizar, planejar e coordenar os recursos humanos, físicos e materiais do salão** e **encontrar soluções para os problemas administrativos**. Esse profissional **não deve acumular outras funções no salão**.

Características necessárias ao profissional

- Visão de futuro – desejo de crescimento na empresa;
- Conhecimento do segmento de beleza e de gestão do negócio;
- Organização;
- Flexibilidade;
- Habilidade de negociação;
- Capacidade de trabalhar sob pressão;
- Capacidade de planejamento;
- Objetividade e praticidade;
- Capacidade de análise e síntese;
- Sociabilidade;
- Perfil de liderança;
- Autoconfiança;
- Honestidade;
- Capacidade de decisão;
- Agilidade;
- Bom senso;
- Capacidade de liderança;
- Capacidade de trabalhar em equipe.

Principais atividades da função

Organizar as atividades de trabalho diário;

Adquirir materiais para consumo e para vendas;

Efetuar recebimentos, pagamentos e cobranças;

Controlar, admitir, treinar e dispensar funcionários;

Planejar e executar atividades de *marketing*;

Liderar a equipe com ética, disciplina e respeito;

Instrumentos de trabalho

Em um salão de beleza, os instrumentos dependerão do porte do estabelecimento. Como exemplo, podemos citar:

Blocos de anotações;

Agendas;

Programas de computador para facilitar os registros e controles (*softwares*);

Telefone;

Calculadora;

Planilhas e relatórios, entre outros.

Formação profissional

Quando outros profissionais do salão de beleza se incumbem dessa função, é necessário que busquem qualificação por meio de cursos, treinamentos e palestras. Contudo, é recomendável que esse profissional tenha, no mínimo, **formação no curso superior de Administração**.

Recepção

É o profissional responsável – seja por telefone, seja pessoalmente –, por **receber, ouvir, esclarecer e encaminhar** o cliente aos diversos profissionais do salão, bem como por **organizar a recepção**.

Características necessárias ao profissional

Simpatia;

Proatividade;

Boa comunicação;

Atenção;

Boa aparência;

Boa memória e concentração,

Senso de organização e sistematização do trabalho,

Paciência e autocontrole;

Capacidade de trabalhar em equipe;

Agilidade;

Boa vontade;

Bom senso;

Tolerância à rotina e ao trabalho sob pressão;

Senso de administração do tempo;

Pontualidade e assiduidade.

Principais atividades da função

Atender e transferir ligações;

Contatar os clientes quando necessário;

Receber os clientes e visitantes que procuram o salão, encaminhando-os e apresentando-os ao profissional que irá atendê-los;

Providenciar o cadastro e o cartão de identificação do cliente;

Informar e esclarecer os clientes sobre os serviços e os produtos oferecidos, horários de funcionamento;

Controlar o acesso e a saída de visitantes, funcionários e clientes;

Realizar atividades administrativas básicas, como efetuar registros, receber e remeter correspondências, *e-mails*, pagamentos;

Coordenar a orientação e movimentação dos clientes para o atendimento;

Em alguns salões, deve, ainda, providenciar o serviço de distribuição de bebidas aos clientes — água, café, chá — e de limpeza do ambiente.

Instrumentos de trabalho

Dependendo do porte do salão, um computador, impressora, calculadora, normas de funcionamento do salão, agendas e planilhas de atendimento.

Formação profissional

Exige-se desse profissional o ensino médio completo. É importante que se mantenha atualizado, principalmente em assuntos pertinentes às atividades afins do salão.

Profissionais de limpeza

Profissional imprescindível para o salão, sua tarefa é **manter a organização e limpeza do estabelecimento**. Geralmente, são contratados como assalariados, isto é, com registro em carteira.

Principais atividades da função

- Iniciar as atividades do dia com uma vistoria para identificar possíveis urgências;
- Reunir o material de limpeza, utilizando panos diferenciados para limpeza dos utensílios, do chão e dos banheiros;
- Utilizar produtos adequados à higienização;
- Conferir os baldes de lixo e efetuar o recolhimento e substituição dos sacos usados por sacos limpos;
- Realizar a varredura do piso e fazer a limpeza úmida com desinfetantes;
- Limpar o mobiliário do estabelecimento;
- Lavar vassouras, escovas e panos, ou seja, todo o material que foi utilizado;
- Trocar as toalhas úmidas por secas, pelo menos uma para cada cliente;
- Higienizar bacias, pincéis, escovas, bancadas e cadeiras, organizar o ambiente;
- Limpar e organizar produtos e instrumentos de trabalho; esterilizá-los quando for o caso;
- Limpar os secadores;
- Higienizar as macas e substituir os lençóis descartáveis (de papel) utilizados em depilações ou massagens.

Instrumentos de trabalho

Equipamentos de proteção individual, como luvas, máscaras, botas e uniformes.

Vassouras, *mops* (semelhante ao rodo, com fibras de malha lavável), aspiradores, carrinhos de limpeza, lixeiras com tampa e forradas com sacos plásticos resistentes, baldes, rodos, pás, esponjas, panos, escovas, detergentes, sacos plásticos, entre outros.

Formação profissional

Com pouca ou nenhuma educação formal, **esses profissionais necessitam de treinamento e reciclagem constantes em razão dos riscos de contaminação inerentes à atividade**.

Atualmente, existem cursos, alguns até gratuitos, em que se aprende sobre os riscos e os cuidados com a contaminação e a correta diluição dos produtos de limpeza.

Características necessárias ao profissional

- Organização;
- Proatividade;
- Ética;
- Responsabilidade;
- Disposição;
- Tolerância à rotina;
- Capacidade de trabalhar em equipe;
- Conhecimentos sobre os procedimentos de limpeza e assepsia;
- Tranquilidade e autocontrole;
- Senso de administração do tempo;
- Pontualidade e assiduidade.

Fique atento!

Higiene e desinfecção são assuntos sérios! Cada profissional é responsável por esterilizar os seus materiais. A esterilização dos instrumentos (como tesouras, alicates, pentes e escovas), pode ser feita com o uso de estufa ou por meio de produtos químicos.

Look cultural

Para saber mais sobre quais são os procedimentos de higiene necessários a cada tipo de profissional, você pode consultar: <http://www.hairbrasil.com/congresso/sebrae2009/fiorentini.pdf>.

Além disso, para saber um pouco mais sobre cada uma das funções que citamos, consulte a Classificação Brasileira de Ocupações (CBO), que contém a descrição das profissões exercidas no Brasil. Disponível em: <http://www.mtecbo.gov.br/cbosite/pages/home.jsf>.

Momento produção!

1 Qual é a importância do *layout* para o salão de beleza? Cite três benefícios.

2 **Enumere a segunda coluna de acordo com a primeira.**

( ) Varrer o local e limpá-lo com desinfetantes.
( ) Contatar os clientes quando necessário.
( ) Gerir a equipe de trabalho e os processos do salão de beleza.
( ) Preparar a pele e retirar a oleosidade para a maquiagem.
( ) Preparar máscaras para o rosto, pescoço e colo.
( ) Cortar o cabelo de maneiras diferentes.
( ) Aplicar unhas sintéticas.
( ) Remover pelos.

1. Cabelereiro
2. Depilador
3. Manicure e pedicure
4. Administrador
5. Recepcionista
6. Responsável pela limpeza
7. Maquiador
8. Esteticista

3 **Preencha as lacunas:**

a) Há salões voltados _____, que, geralmente, funcionam _____. Existem também salões mais _____, localizados em _____, voltados àqueles _____.

b) Todos os profissionais que trabalham em um salão precisam ter a _____ necessária para desempenhar as suas _____. Contudo, _____; é necessário também que o profissional possua _____ e seja capaz de se _____.

c) É o profissional responsável pelo _____ seja por telefone, seja pessoalmente –, por _____ o cliente aos diversos profissionais do salão, bem como por _____.

2 de Mercado de TRABALHO

O **mercado de beleza no Brasil** é considerado o **terceiro maior do mundo**, perdendo apenas para os **Estados Unidos** e o **Japão**. Entre os anos de 1996 e 2009, o mercado brasileiro de beleza viu seu faturamento **quintuplicar**, alcançando, em 2009, a quantia de R$ 24, 9 bilhões (Efe, 2011). Tal crescimento se deve, principalmente, ao **desenvolvimento da indústria, ao aumento da participação da mulher no mercado de trabalho e a utilização de tecnologia de ponta**.

Nesse cenário, **as oportunidades de emprego dentro da área de salões de beleza cresceram** 278,9% no período que se estende de 1994 a 2010 (BELEZA de mercado..., 2011). Entretanto, embora as oportunidades de trabalho sejam grandes, há uma **grande demanda por profissionais especializados**.

Empregos na área

Tendo em vista a demanda cada vez maior por profissionais especializados, uma das dicas para **se diferenciar** no mercado da beleza é a **especialização**. Devido à grande variedade de tratamentos disponíveis, os clientes têm buscado cada vez mais serviços de coloração, podologia, tratamentos capilares completos, esteticistas, entre outros. O conhecimento necessário para se atuar nessas áreas vai além dos oferecidos por um curso básico: é necessária uma qualificação específica para serviços que envolvem esses e outros procedimentos.

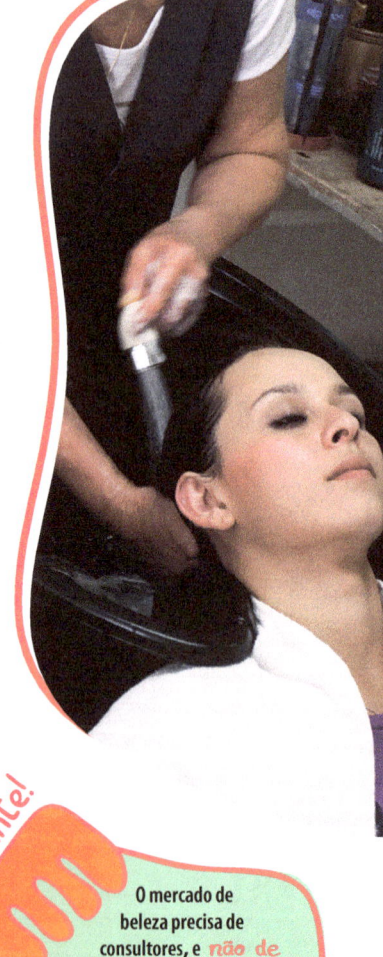

Importante!

O mercado de beleza precisa de consultores, e não de profissionais que se limitam a atender às solicitações dos clientes.

Uma das áreas em que tem crescido a demanda nos salões de beleza é a relacionada à **estética**. Os interessados podem fazer cursos rápidos em nível técnico ou de graduação, geralmente em cosmetologia. O salário inicial desses profissionais gira em torno de R$ 1.200 (Galvez, 2011). Outro **nicho** que tem se destacado é o de **cabelos lisos**.

A seguir, listamos alguns dos cursos disponíveis no mercado na área da beleza:

- Especialização em *Peelings* Químicos;
- Cosmetologia e Estética Avançada;
- Pós-Graduação em Estética;
- Aperfeiçoamento em Estética Corporal;
- Aperfeiçoamento em Cortes;
- Aperfeiçoamento em Química;
- Aperfeiçoamento em Coloração.

Fique atento!

Outra dica para se manter nesse mercado é **sempre estar atento às inovações.** Todos os dias, o mercado traz tecnologias e novas tendências, portanto, profissionais antenados têm mais espaço. Um exemplo de **tendência para o verão 2012,** vista nos desfiles do São Paulo Fashion Week (SPFW) e do Fashion Rio, em 2011, é o **cabelo texturizado.** Essa técnica capilar se utiliza de produtos químicos para alisar os cabelos e deixá-los com o aspecto natural

Mas o que é um consultor de beleza?

De acordo com o dicionário Houaiss, o termo *consultor* designa aquele que **"dá conselhos. 2 aquele que tem função de dar parecer, fornecer subsídios, sugerir, aconselhar"** (Consultor, 2009, p. 532). Para explicarmos mais claramente, preste atenção nos seguintes exemplos:

> Imagine que uma cliente vai até o seu salão com o desejo de cortar o cabelo. Contudo, no momento do corte, ela se mostra indecisa com o modelo de corte que ficaria mais adequado com o tipo de rosto e pede a você uma sugestão do que ficaria melhor para ela. *Você analisa o tipo de rosto da cliente, avalia como é o cabelo dela e, com base nisso, dá a sua sugestão.*

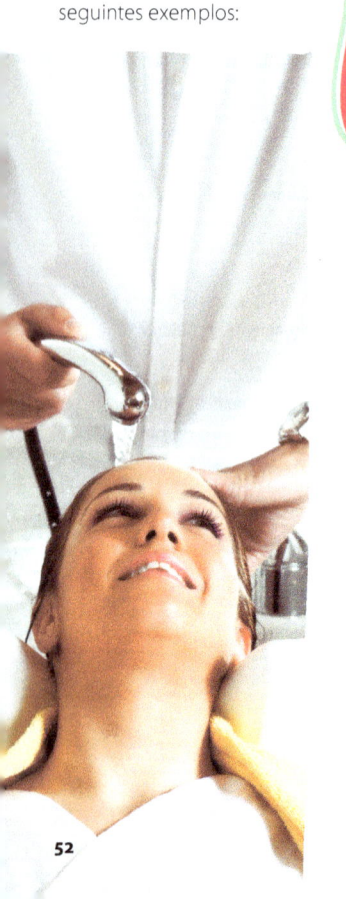

Veja: nesse momento, você não atua apenas como **cabeleireiro**, mas também como **consultor**, pois, com base **na avaliação** que você fez da sua cliente e com os **conhecimentos técnicos adquiridos por meio de cursos e da sua experiência**, você pode indicar qual o modelo de corte é mais adequado à sua cliente, assim como também pode dar **sugestões de quais são os melhores tratamentos ou produtos** a serem usados para cuidar do tipo de cabelo dela, além de **indicar quais são as novas tendências de corte**.

Agora, imagine uma situação diferente: uma cliente chega ao salão e mostra uma revista com a foto de uma modelo com um corte em camadas e solicita que você faça o mesmo tipo de corte. Contudo, o tipo de cabelo da cliente não se adéqua ao modelo desejado, pois um corte em camadas só iria aumentar ainda mais o volume de seus cabelos, visto que estes já são ondulados e volumosos. Entretanto, você resolve atender ao pedido da cliente, sem prestar uma consultoria de quais seriam as consequências do corte.

E agora, de quem será a culpa pelo resultado que, com certeza, não será o que a cliente esperava?

Por fim, os profissionais de beleza ainda podem atuar na área de atendimento a domicílio ou atender aos clientes em suas próprias residências.

Importante!

Para ser um consultor, é necessária atualização, informação e muita segurança no que se faz.

Vantagens

Um dos diferenciais em se trabalhar em um salão é a clientela fixa, o que vai garantir uma parte de sua agenda sempre cheia. Outra vantagem está na **remuneração**, que tem sido melhor com o crescimento do mercado.

> **Você sabia?**
> "O salário de quem trabalha em um dos 100 mil salões de cabelereiros espalhados pelo Brasil pode chegar a R$ 7 mil" (BELEZA de mercado..., 2011).

Crescimento profissional

Se perguntarmos à maioria das pessoas se estas desejam crescer na profissão, provavelmente muitas responderão afirmativamente. Contudo, se formos mais específicos e perguntarmos em qual nível ou área essas pessoas querem crescer, muitas ficarão em dúvida ou nem saberão responder. Portanto, para podermos crescer profissionalmente, devemos fazer, pelo menos, duas perguntas a nós mesmos:

Eu tenho certeza de qual cargo quero ocupar?

Eu tenho os conhecimentos técnicos e gerenciais que esse cargo exige?

Contudo, **a possibilidade de ascensão na empresa não surge de uma hora para outra**: é necessário estarmos sempre atentos às oportunidades de promoção dentro da empresa.

A seguir, veremos algumas dicas de como você pode se destacar no ambiente de trabalho:

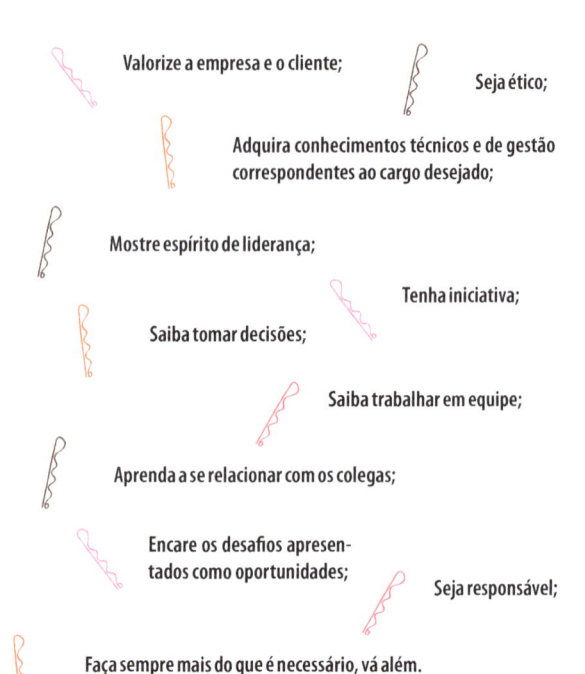

- Valorize a empresa e o cliente;
- Seja ético;
- Adquira conhecimentos técnicos e de gestão correspondentes ao cargo desejado;
- Mostre espírito de liderança;
- Tenha iniciativa;
- Saiba tomar decisões;
- Saiba trabalhar em equipe;
- Aprenda a se relacionar com os colegas;
- Encare os desafios apresentados como oportunidades;
- Seja responsável;
- Faça sempre mais do que é necessário, vá além.

Lembre-se de que as empresas possuem critérios diferentes de promoção. Entretanto, as dicas apresentadas são essenciais para o profissional que quer crescer na carreira. Em relação aos salões de beleza, **o crescimento profissional está muito ligado ao tamanho do estabelecimento**. Em salões de pequeno e médio porte, a hierarquia é pequena, o que dificulta subir no nível hierárquico. Contudo, isso não impede que o profissional chegue à gerência da empresa.

A título de ilustração, leia, a seguir, algumas dicas sobre como conseguir uma promoção no trabalho. Elas foram extraídas do livro O *grande livro das melhores estratégias para sua carreira* (2011, grifo nosso), de Rahild Neuburger.

PROMOÇÃO

Subindo passo a passo

É possível que você não esteja planejando uma carreira externa no momento, mas decidiu permanecer na empresa atual e se reorientar nela. Nesse caso, há duas maneiras básicas de agir:

- **Você continua trabalhando como sempre fez e espera por uma promoção.**
- **Você parte para a ofensiva e imagina quais atitudes poderiam apoiar e levar efetivamente a uma promoção.**

É sabido que o segundo caminho em geral é o que faz mais sentido, pois uma promoção raramente vem por si só. De antemão, é preciso estar ciente do seguinte:

- **Qual cargo você está almejando na empresa? Para ajudá-lo, veja as indicações para o planejamento pessoal da carreira.**
- **Quais qualificações são necessárias para esse cargo, e a partir de quais ações concretas é possível alcançá-las? Não se trata apenas das competências específicas, mas também qualificações e características metodológicas, técnicas, sociais e pessoais. Se você está almejando um cargo de liderança, é preciso dispor previamente das competências e metodologias necessárias a ele.**
- **Quais comportamentos favorecem uma promoção?**
- **Quais comportamentos impedem uma promoção?**

Exatamente esses dois últimos pontos são, muitas vezes, decisivos. Do que servem as melhores competências, se você fecha seu caminho até o próximo degrau com um comportamento inadequado? E de que tipos de comportamento estamos falando?

Regra 1

Seja o que você quer ser: a regra mais importante é de autoria do escritor Mark Twain: "Se você quiser ser um escritor, escreva!". De maneira semelhante, se você quiser ser promovido a chefe de equipe, então é preciso se comportar como um chefe de equipe. Se você quiser ocupar um posto de chefia, é preciso mostrar que sabe lidar com responsabilidades, pois apenas quando mostramos que podemos assumir tarefas conseguimos criar as condições para uma promoção.

(...)

Regra 2

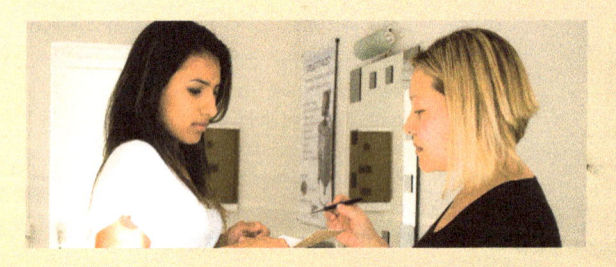

Engajar-se em projetos importantes: não basta, porém, manter um comportamento que indica que você pode assumir novas tarefas. É preciso chamar atenção, por exemplo, por meio do conhecido faça alguma coisa boa e divulgue. Mas isso não funciona sempre e, em alguns casos, pode ser mal interpretado. Faz mais sentido promover surpresas boas. Você pode fazer isso, por exemplo, assim:

- **Surpreenda com desempenhos inesperados e que vão além do normal.**
- **Amplie a cada oportunidade o âmbito de suas tarefas.**

🔑 **Engaje-se em projetos importantes na empresa.**
🔑 **Assuma projetos e iniciativas importantes.**
🔑 **Apresente ideias próprias.**

Seu engajamento é uma base importante para sua promoção, já que, como em muitos casos, aqui também tempo e recursos têm de ser investidos antes de os frutos – quer dizer, a promoção – serem colhidos. Trabalhando estritamente conforme o solicitado você não chama a atenção sobre si!

Regra 3

Importe-se com os colegas: um esforço ativo para o próprio avanço profissional não pode fazer com que você se oriente apenas pela chefia e só se preocupe em mostrar resultados a ela. Nesse caso, existe o perigo de os próprios colegas se retraírem e você ficar sem qualquer apoio. Isso é contraproducente! Sempre preste atenção aos dois lados!

Regra 4

Procure apoio: *em todas as empresas há colegas ou outras pessoas que podem apoiar sua carreira*. Você pode utilizar esse recurso de maneira ativa e pensar, de antemão, quem pode ajudá-lo concretamente. De um lado, esse apoio pode ser um contato interno. Do outro, os colegas podem fazer o papel de mentores, que vão ajudá-lo a reconhecer seus problemas específicos e os metodológicos, e aprender com eles. Afinal, como você perceberia, por exemplo, que comete um erro básico nas apresentações ou fala muito depressa com os clientes?

(...)

Regra 5

Irradiar uma postura positiva: é possível aprender isso a partir da afirmação: "Tudo tem dois lados, e pelo menos um deles é positivo". A própria postura é muito importante. Responda com sinceridade: uma promoção é mais fácil de ser conquistada quando, ao recebermos uma nova tarefa, mantemos uma postura negativa ou quando todos os novos desafios são recebidos com um sorriso e uma postura de sim, eu consigo e quando vemos seu lado positivo?
Simpatia é importante – nessa hora, repasse as indicações do *marketing* pessoal.

Regra 6

Evitar "matadores" de carreiras: ao lado dos comportamentos que dão sustentação à carreira e à promoção, **há também comportamentos que matam carreiras e que devem ser evitados a todo o custo**. Por isso, siga as seguintes regras:

- **Nunca retenha informações que seu superior ou seu colega necessita para poder tomar uma decisão correta.**
- **Nunca boicote uma pessoa cujo cargo você está almejando.**
- **Não trabalhe contra a cultura da empresa. Você pode se colocar o desafio de excelentes desempenhos e também realizá-los, mas não pode exigir que regulamentações básicas, como, por exemplo, horários de trabalho ou estruturas de comunicação sejam fundamentalmente alteradas.**
- **Não exagere ao priorizar a carreira. Por exemplo: não diga que são exclusivamente seus os sucessos da equipe. Isso nunca funciona!**
- **Não tente chamar a atenção sobre si em todas as reuniões. No fim das contas, isso sempre dá errado!**
- **Evite incentivar intrigas e contribuir para fofocas de escritório. A médio ou longo prazo, essa estratégia sempre é contraproducente.**

Regra 7

Aceite os reveses: a promoção não veio, apesar de todas as preparações, atitudes e ações? **Não se deixe abater por esse revés, mas o encare de maneira construtiva**! Reflita sobre o que você pode aprender com o acontecido e como é possível melhorar. E de maneira alguma descarregue sua frustração nos colegas, outros funcionários e com a chefia – a memória deles é bastante boa!

(...)

Leitura complementar!

Para complementar seus conhecimentos a respeito do mercado de trabalho na área de beleza, disponibilizamos a você três textos, extraídos de duas matérias publicadas este ano (2011) em *sites* de notícias.

Renda maior aumenta gastos com beleza e faz salão o negócio da vez

Em SP, são lançados mais negócios no setor de beleza do que lanchonetes.

Número de salões no país cresceu 78% em cinco anos, diz associação.

[...]

Muitos empreendedores têm apostado alto na vaidade do brasileiro e ajudado a impulsionar o crescimento do setor de serviços do país, que se destaca no crescimento do Produto Interno Bruto (PIB) brasileiro. No segundo trimestre deste ano, os números do Instituto Brasileiro de Geografia e Estatística (IBGE) mostram que os serviços tiveram expansão de **0,8%, a maior entre os setores da economia**.

Dados da Junta Comercial mostram que, na cidade de São Paulo, o número de registros em cartório de novos estabelecimentos ligados ao setor de beleza já supera, por exemplo, o de lanchonetes e estabelecimentos similares como casas de chá e de sucos.

[...]

No país, o número de salões de beleza cresceu 78% em cinco anos, de 309 mil, em 2005, para 550 mil, em 2010, segundo levantamento da Associação Nacional do Comércio de Artigos de Higiene Pessoal e Beleza (Anabel).

Parte do crescimento se deve ao *incentivo à formalização pelo programa federal que criou a figura jurídica do Empreendedor Individual para negócios com receita bruta anual de até R$ 36 mil*. Com burocracia reduzida e menores alíquotas, o programa tem facilitado a legalização e o registro no Cadastro Nacional de Pessoa Jurídica (CNPJ), *o que faz com que muitos desses pequenos estabelecimentos passem tanto a emitir nota fiscal como a ter acesso a financiamentos, além de garantir a cobertura da Previdência Social*.

Segundo dados do Serviço Brasileiro de Apoio às Micro e Pequenas Empresas (Sebrae), o número de empreendedores individuais formalizados já soma 1,5 milhão no país. *Desse total, os cabeleireiros ocupam o 2º lugar na lista das principais ocupações, com 7,6% do total de registros – percentual inferior apenas ao de empreendedores ligados ao comércio de vestuário e acessórios (10,5%)*. Somados todos os cabeleireiros que aderiram ao programa e os profissionais de atividades de estética e beleza, o número passa de 146 mil empreendedores, correspondendo a quase 10% de todos os registros.

[...]

O crescimento dos gastos dos brasileiros com produtos de higiene e cosméticos está associado ao aumento do poder aquisitivo dos classes mais baixas. Tal fato pode ser visto nos gráficos a seguir:

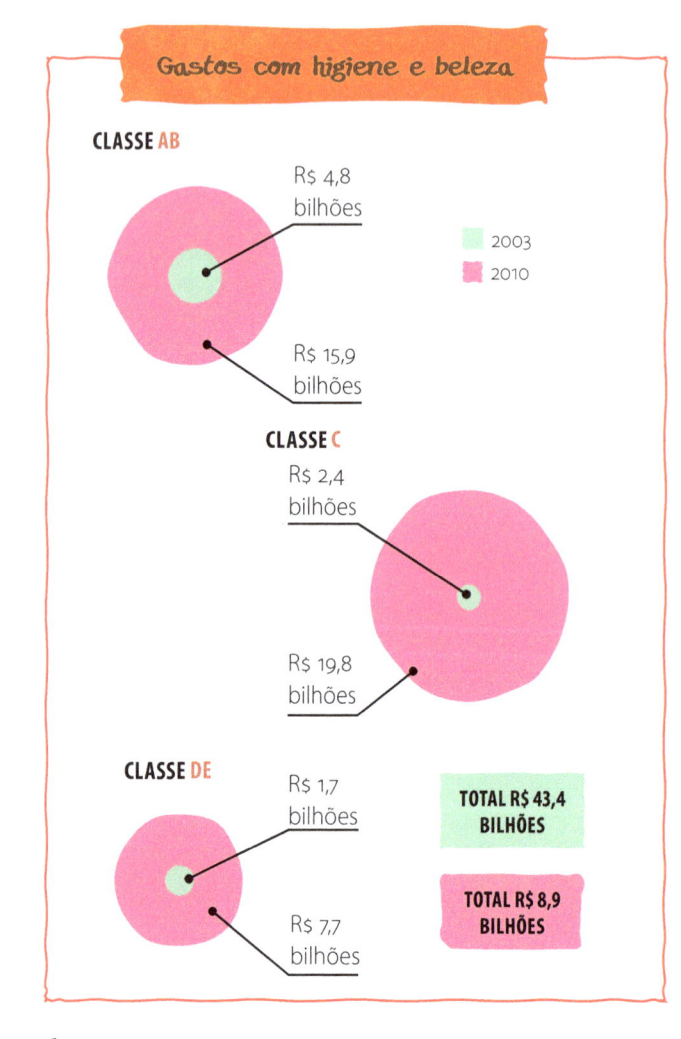

Gastos com higiene e beleza

CLASSE AB

R$ 4,8 bilhões

R$ 15,9 bilhões

2003
2010

CLASSE C

R$ 2,4 bilhões

R$ 19,8 bilhões

CLASSE DE

R$ 1,7 bilhões

R$ 7,7 bilhões

TOTAL R$ 43,4 BILHÕES

TOTAL R$ 8,9 BILHÕES

Mercado da beleza no Brasil

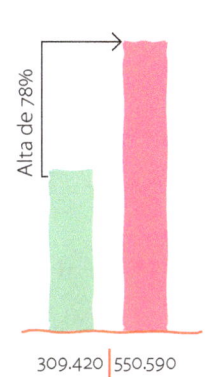

Alta de 78%

309.420 | 550.590

NÚMERO DE SALÕES

NÚMERO DE TRABALHADORES

1.237.680 | 2.202.360

Alta de 78%

R$ 15,4 bilhões | R$ 27,3 bilhões

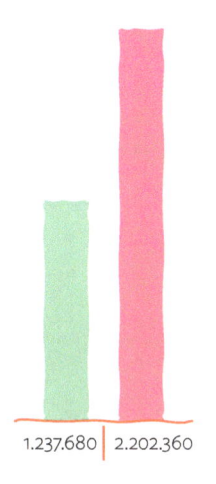

FATURAMENTO DA INDÚSTRIA

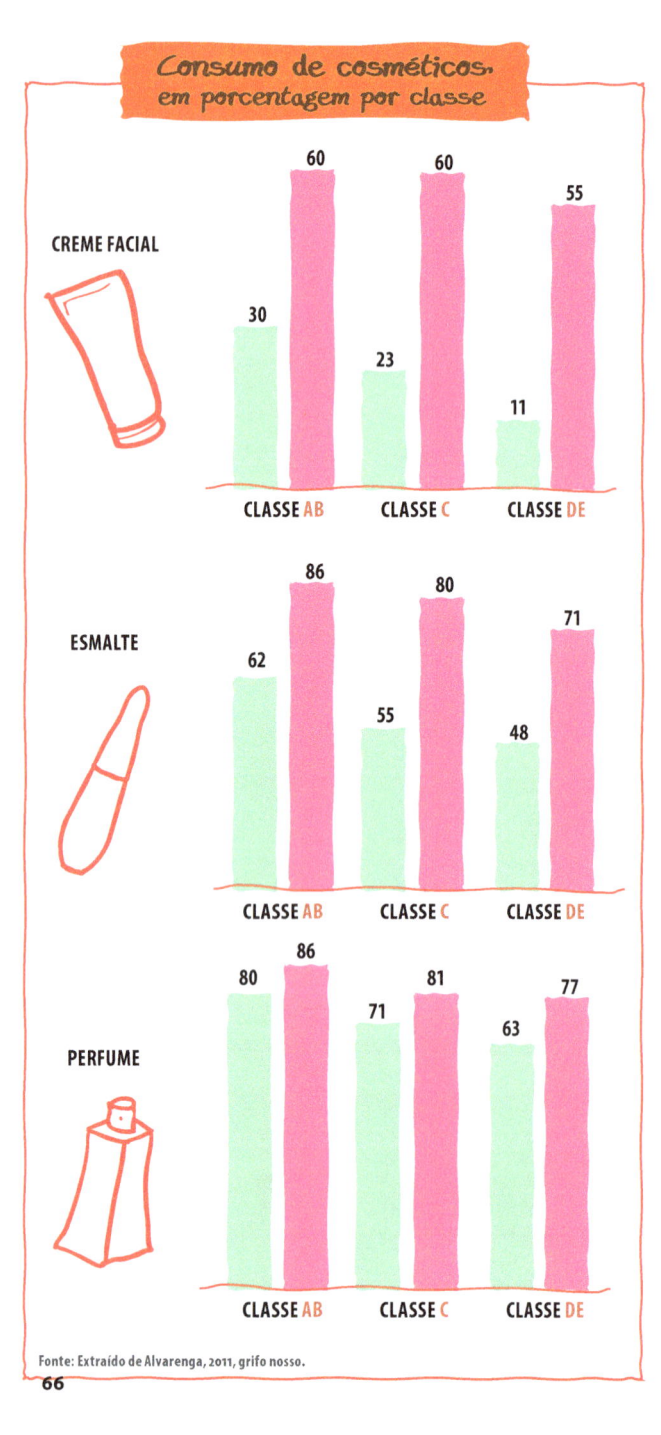

Consumo de cosméticos, em porcentagem por classe

CREME FACIAL

	CLASSE AB	CLASSE C	CLASSE DE
	30 / 60	23 / 60	11 / 55

ESMALTE

	CLASSE AB	CLASSE C	CLASSE DE
	62 / 86	55 / 80	48 / 71

PERFUME

	CLASSE AB	CLASSE C	CLASSE DE
	80 / 86	71 / 81	63 / 77

Fonte: Extraído de Alvarenga, 2011, grifo nosso.

Beleza
com toque masculino

Cresce o número de homens que investem em salões de beleza e clínicas de estética.

Ainda bastante concentrado no público feminino, *o mercado de estética desperta cada vez mais a atenção dos homens*, que começam não só a procurar os serviços como também a investir no setor como empreendedores. De salões de beleza a clínicas de estética e emagrecimento, passando por redes de franquias especializadas em depilação, *cresce a presença de homens no comando de negócios antes dominados quase que exclusivamente por mulheres*.

[...]

Mercado promissor

O ramo de beleza está entre os segmentos que mais cresceram no Brasil em 2010 – cerca de 16%, segundo a consultoria especializada Rizzo Franchise. Com um faturamento no ano passado de R$ 9,1 milhões (8,3% maior do que em 2009), o mercado de estética deve crescer 14,5% em 2011. "**Hoje a sociedade tem cada vez menos preconceito contra homens que se cuidam, o que torna esse público altamente promissor**", afirma Alain Guetta, presidente da Associação Brasileira de Franchising no Rio de Janeiro (ABF-RJ).

Os bons resultados vão além do sucesso das clínicas de estética, atingindo também o mercado de produtos de beleza. Segundo a Associação Brasileira da Indústria de Higiene Pessoal (Abihpec), o setor no Brasil vem apresentando expansão da ordem de 10% ao ano, **tendo faturado em 2009 aproximadamente R$ 21,7 bilhões na comercialização de produtos de higiene pessoal, cosméticos e perfumaria**.

Fonte: Extraído de Bessi, 2011, grifo nosso.

Momento produção!

1 Faça uma pesquisa com os profissionais de salões de beleza. Pergunte a eles quais são as vantagens em se trabalhar nessa área, quais são as principais dificuldades para se inserir no mercado e peça dicas de como crescer na hierarquia dentro de um salão de beleza.

2 Elabore uma pesquisa sobre as novas tendências e tecnologias para o mercado de beleza. Você pode utilizar revistas especializadas, pesquisar na internet e até mesmo entrevistar profissionais da área.

3 Faça uma pesquisa a respeito de quais cursos você e sua equipe podem fazer para se manterem atualizados em relação ao mercado da beleza. Para facilitar, anote as informações encontradas na tabela a seguir.

Nome do curso	Instituição	Valor	Duração

3 Administrando seu NEGÓCIO

Uma boa administração é, sem dúvida, a **chave do sucesso** para qualquer negócio. Mesmo que você preste os melhores serviços do mundo ou que tenha os melhores produtos, se não gerir os recursos financeiros, materiais, de pessoal e de *marketing* de forma organizada, o seu negócio **não irá sobreviver** em um mercado competitivo.

É muito comum ouvirmos comentários do tipo "eu conheço o fulano, que não sabe nada de administração, mas cujo negócio cresceu". Se você analisar bem casos como esse, descobrirá que, provavelmente, o dono dessa empresa se cercou de profissionais que a administravam por ele. Mesmo assim, é melhor não correr riscos!

71

Recrutamento e seleção de pessoal

Os **recrutamentos** para um salão de beleza podem ser realizados por meio de anúncios em **jornais**, em **revistas especializadas**, em **murais de escolas** que formam profissionais para o referido segmento ou mediante **avisos** no próprio local.

A seleção pode ocorrer por intermédio de **testes práticos**, ou seja, o profissional deverá executar uma das tarefas que lhe serão exigidas na função. Assim, ele poderá mostrar os conhecimentos e as habilidades práticas que possui!

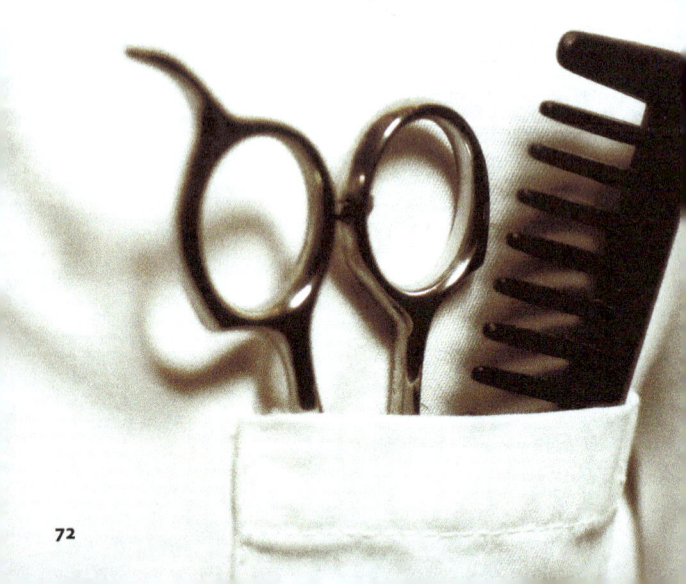

Formas de trabalho

Os profissionais de um salão de beleza poderão ser contratados como autônomos, empregados (carteira assinada) ou até mesmo terceirizados.

Autônomo

Profissional que presta serviços eventuais para outra empresa e recebe uma remuneração por isso. As principais características dessa forma de trabalho são a **casualidade** – ou seja, a pessoa presta serviços eventualmente –, e a **não subordinação a um patrão**. Se você quiser atuar como **autônomo**, terá de obter um registro na prefeitura de sua cidade e no Instituto Nacional de Seguro Social (INSS).

Empregado

Pessoa física que presta serviços com **habitualidade**, sendo subordinado a outro profissional. Nesse caso, é **obrigatório o pagamento de um salário**. Além disso, o profissional que atua como empregado possui todos os **direitos trabalhistas**.

Importante!

Contrate os serviços de um **advogado** para que ele elabore um contrato de prestação de serviços para profissionais autônomos.

Os direitos trabalhistas do empregado de um salão de beleza são:

- Carteira de Trabalho e Previdência Social devidamente preenchida e assinada.
- Descanso Semanal Remunerado (no caso da maioria dos salões de beleza, esse descanso é no domingo).
- 13º salário.
- Férias (após um ano de trabalho, o empregado tem direito a 30 dias de férias, recebendo, por esse período de descanso, o salário normal acrescido de 1/3, direito garantido pela Consolidação das Leis do Trabalho (salário + comissões + 1/3 desses valores). Vale mencionar que o profissional pode transformar em abono pecuniário (venda das férias) apenas 1/3 desses 30 dias, ou seja, 10 dias.
- Vale-transporte.
- Licença-maternidade ou paternidade, se for o caso.
- Pagamento de horas extras.
- Fundo de Garantia por Tempo de Serviço (a empresa é obrigada a depositar mensalmente em conta bancária o percentual de 8% do salário bruto do funcionário. Essa obrigatoriedade também vale para o período de férias e para o 13º salário).
- Adicionais.
- Aviso prévio (em caso de demissão ou pedido de demissão, tanto o trabalhador quanto a empresa são obrigados a avisar a outra parte com 30 dias de antecedência. Se a empresa demitir o funcionário sem esse aviso, deverá indenizá-lo com o valor correspondente a um mês de salário bruto. Já se o trabalhador pedir demissão sem avisar com 30 dias de antecedência, terá o valor de um salário bruto que receberia descontado, devido à rescisão do contrato).

Para ver as leis trabalhistas na íntegra, acesse: <http://www.planalto.gov.br/ccivil_03/decreto-lei/Del5452.htm>.

Fique atento!

Alguns salões insistem na contração de profissionais informais, mesmo em se tratando de uma prática *ilegal*, podendo acarretar ações trabalhistas.

Gerenciamento de equipes

Quem nunca presenciou uma discussão entre profissionais de um salão de beleza? Ou então trabalhadores reclamando dos colegas? Os **problemas mais comuns** desses locais sempre envolvem os **relacionamentos**. Para evitá-los, uma sugestão é fazer **reuniões** com frequência, das quais toda a equipe do salão possa participar.

Por meio dessa iniciativa, questões e problemas do dia a dia poderão ser facilmente resolvidos!

Vale ressaltar que o gestor da equipe precisa ser **íntegro, motivado, responsável** e **envolvido com o trabalho**. De acordo com Wiese (2007), nesse contexto, não vale a máxima do "**faça o que eu falo, mas não faça o que eu faço**".

Lembre-se!

Gerenciar é **administrar**; administrar, por sua vez, significa **dirigir**. Para dirigir uma equipe, precisamos ser **bem aceitos** por ela. Nesse sentido, **carisma** é fundamental, pois é por meio dele que conquistamos o **coração** da nossa equipe de trabalho (Wiese, 2007).

Capacitação profissional

Existem várias escolas e cursos de qualificação profissional na área de *beleza*, além de feiras, congressos e *workshops*. **É importante mencionar que essa área engloba, atualmente, novas tecnologias e tendências**. Para que você se sobressaia no mercado de trabalho, fique "de olho" nessas *mudanças*!

Imagine a seguinte situação: uma cliente, que deseja ser atendida em determinado salão de beleza, soube recentemente de uma *nova técnica* envolvendo apliques de *mega hair*. O profissional que a atende, no entanto, não conhece a novidade. Seria constrangedor para o funcionário, não é mesmo? Para evitar situações como essa, **é importante que você assine revistas especializadas em beleza e pesquise novidades na internet**. Assim, você se manterá sempre atualizado. Outra opção é **buscar treinamentos para a sua equipe de trabalho com profissionais reconhecidos pelo mercado**.

A qualidade dos serviços

Todo cliente de salão de beleza busca **qualidade**. Porém, os serviços não precisam ser necessariamente caros. Nessa perspectiva, é válido esclarecer que aquela velha história de que tudo que é barato não presta **não é verdade**.

Para obter qualidade, é necessário investir na pesquisa, no estudo e na busca de produtos eficazes. O diferencial destes está nas pesquisas que as indústrias responsáveis fazem especialmente para a sua elaboração, o que garante **qualidade** aos compradores.

Confira agora algumas **dicas** para que você ofereça qualidade aos seus clientes:

Se possível, use material descartável.

Esterilize materiais que são de uso durável.

Respeite horários.

Conte com profissionais qualificados e atualizados.

Mantenha o ambiente higienizado.

Ofereça um atendimento diferenciado (é interessante, por exemplo, servir água, café ou chá aos clientes).

Disponibilize diferentes formas de pagamento.

Tenha uma boa televisão e revistas variadas e atualizadas à disposição dos clientes. Se eles tiverem de esperar pelos serviços de beleza, que seja com conforto.

A seguir, você pode ver um quadro com características que são **imprescindíveis** para que os serviços do seu salão tenham qualidade.

Dimensão	Exemplos
Aspectos tangíveis	Ambiente físico/decoração/instalações/equipamentos. Aparência dos funcionários.
Empatia	Capacidade de colocar-se no lugar do outro (sensibilidade). Cuidado no tratamento com o cliente. Atenção individualizada.

(continua)

(conclusão)

Dimensão	Exemplos
Competência	Habilidade e preparação técnica para desempenhar a função em questão.
Confiabilidade	Fornecimento do serviço prometido no tempo certo. Habilidade de transmitir confiança ao cliente.
Responsividade (velocidade e disposição para servir)	Pronto atendimento. Velocidade de resposta.

Fonte: Adaptado de Almeida, 2001, p. 62.

Gerenciamento e produção de estoques

Neste tópico, estudaremos como se dá o **processo de compras** e o **recebimento** e a **armazenagem de produtos**. Essas são ações importantes dentro de qualquer negócio e, nas grandes empresas, estão associadas a setores que, por sua vez, englobam vários profissionais e controles rígidos.

Compras

Toda empresa precisa realizar a **aquisição de produtos e serviços** para atender aos clientes. No caso dos salões de beleza, são necessários produtos como xampu, condicionadores, ceras para depilação, materiais para limpeza e de escritório, copos descartáveis e bebidas como café e água, além de utensílios de manutenção.

Sendo assim, é possível afirmar que toda aquisição que o salão realiza se enquadra em uma **atividade de compra**. Esta, por sua vez, não pode ser efetuada sem o devido **planejamento**, que inclui:

- pesquisa e cadastramento de fornecedores;
- pesquisa de novos produtos;
- cotação de preços.

Imagine a seguinte situação: você fez a aplicação de um produto químico no cabelo de determinada cliente e ela teve uma reação alérgica ao elemento utilizado. Isso é um problemão, não é mesmo? O que fazer nesse caso?

De onde vem o produto que você utilizou? Quem é o responsável pela compra? Em situações como essa, ter **o cadastro do fornecedor do salão de beleza faz uma grande diferença!**

Importante!

Como o volume de fornecedores na área de beleza é **grande**, fica mais fácil conseguir produtos de qualidade a *preços melhores.*

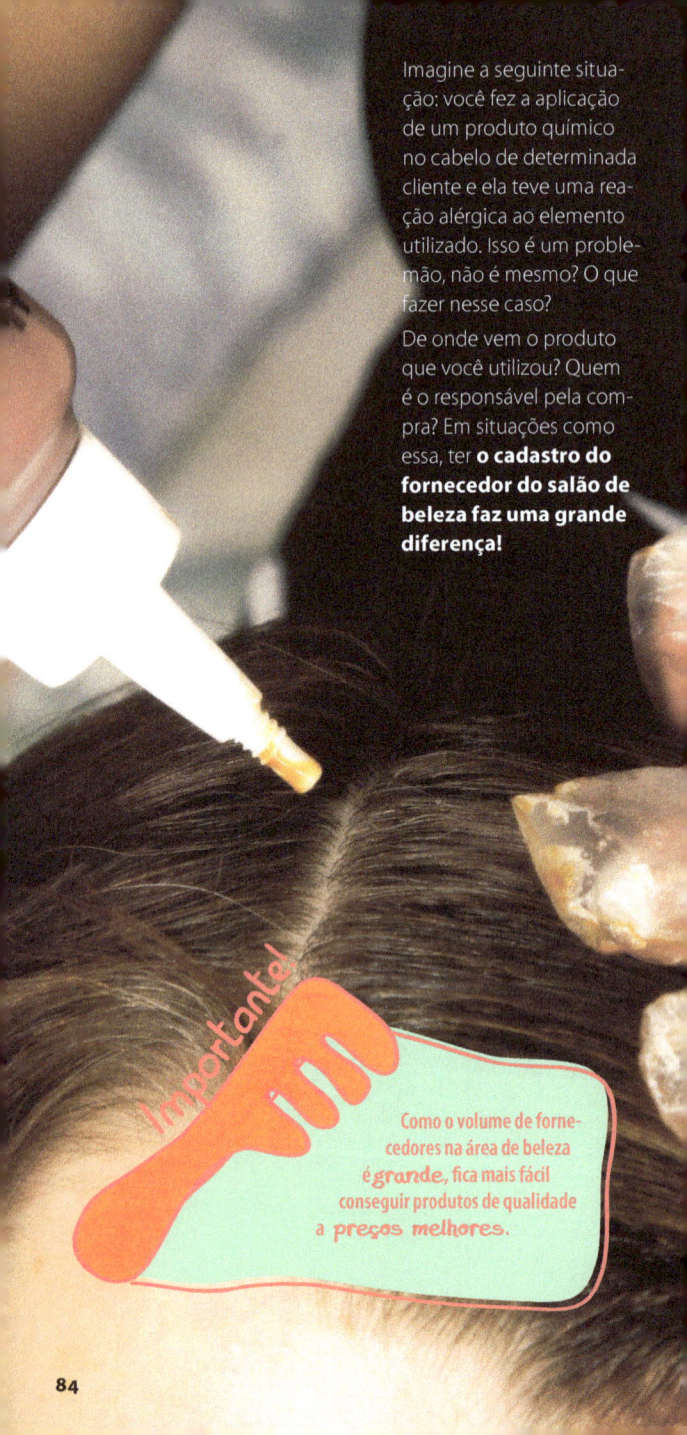

Exemplo de ficha de cadastro de fornecedores

CADASTRO DE FORNECEDORES			
Fornecedor:	Casa dos Cosméticos Ltda.		
Endereço:	Rua das Acácias, nº 1130 – Centro		
Cidade:	Goiânia		Estado: GO
CNPJ:	11.222.333/0001-22		
Insc. Estadual:	125.125.452		
Contato:	Sr. Valdemar		Telefone: (062) 1111-0000
E-mail:	casadoscosmeticos@cosmeticos.com.br		
Informações do produto			
Produto:	Máscara de Hidratação Mais Mais		
Preço:	R$ 9,84		Prazo de entrega: 15 dias
Cond. pagamento:	Boleto bancário – 30 dias		

Você pode efetuar compras para o seu salão de beleza de **três formas**:

1. Compras no atacado
Aquisição de maiores quantidades em volumes fechados.
Vantagem
Preços mais baixos.

2. Compras em consignação
Pagamento do produto só é efetuado se ocorrer a venda em determinado período.
Vantagem
Só se paga o que realmente é vendido.

3. Compras no varejo
Pequenas quantidades.
Vantagem
Aquisição de quantidades menores e variedades maiores.

Em seu salão, o ato de **comprar** não pode ser uma **ação isolada**, mas, sim, um processo que atenda a **três etapas**, esboçadas por meio das seguintes perguntas: **O que, quando e onde comprar?**

1. O que comprar
Produtos de uso frequente, que atendam às necessidades do salão. Não faça grandes estoques, pois sempre haverá produtos novos no mercado.

2. Quando comprar
Organize uma data ou um período para as compras, de forma que isso não atrapalhe as atividades do dia a dia do salão e que não faltem produtos.

3. Onde comprar
De fornecedores cadastrados ou em lojas do segmento, que forneçam nota fiscal dos produtos. Não esqueça de atentar para a data de validade dos materiais e produtos!

Lembre-se!

O seu *lucro* está diretamente ligado às compras realizadas pelo seu salão de beleza. Por isso, leve a sério o gerenciamento dos produtos que você adquire!

Estoques

Depois de cadastrar o seu fornecedor, efetuar cuidadosamente as compras e receber os seus produtos, você deverá **estocá-los**. Ter estoques é importante, pois você precisará de **produtos** para atender aos clientes, devendo **evitar compras de última hora**.

Mas onde **guardar** os estoques desses produtos? Você já deve ter ouvido falar em almoxarifado, não é mesmo? É nesse local que devem ficar estocados os bens que serão utilizados no seu salão de beleza.

Para uma boa estocagem de produtos, é importante seguir algumas **dicas**:

- Mantenha os produtos químicos longe de locais úmidos e sem circulação de ar.

- Guarde os materiais muito pequenos em caixas ou gavetas.

- Organize os produtos em ordem de entrada e de saída, deixando os mais antigos na frente e os mais novos atrás. Assim, os funcionários não correrão o risco de usar produtos cuja data de validade já tenha vencido.

- Separar corretamente os materiais: agrupe produtos semelhantes, evitando misturá-los.

- Tenha cuidado com o excesso de peso nas prateleiras! Distribua bem os produtos.

Um **controle eficaz do estoque** faz com que os empregados do salão saibam, a qualquer momento, a **quantidade armazenada de determinado produto**, seu **custo**, os **pedidos pendentes**, o **valor de outras mercadorias** e o **prazo de entrega de cada fornecedor**. Veja a seguir um modelo de ficha de controle de estoque:

Ficha de controle de estoque

FICHA DE CONTROLE DE ESTOQUE				
Nome do produto: Cera Depila Bem				
Código: 104698				
Fornecedor: Casa das Ceras Ltda.				
Data	Custo Unitário	Entrada	Saída	Saldo
02/09/2011	R$ 9,84	10	01 pote	09
04/10/2011	-	-	01 pote	08

Fonte: Carneiro, 2010, p. 14

Lembre-se!

O gerenciamento de produção e estoque visa obter os materiais certos na *hora* e na *quantidade* certas, ao *menor custo possível*.

Gerenciamento de custos e recursos financeiros

As funções financeiras de um salão de beleza são divididas em: **contabilidade, caixa** e **contas a receber e a pagar**.

Elas se referem à **entrada** e à **saída** de dinheiro e ao controle financeiro do salão. Sem esse controle, o empresário não consegue saber se está ganhando dinheiro ou não e se sua empresa apresenta **lucro** ou **prejuízo**. Isso é um risco para qualquer negócio!

A **contabilidade** envolve os registros e o controle fiscal da empresa, bem como o pagamento de impostos e os controles de ativos – ou seja, tudo que o salão de beleza possui (dinheiro, imóveis, equipamentos, móveis, estoques etc.). A contabilidade deve ser realizada por um profissional que tenha **formação na área**. Antes de contratar um contador, vale a pena fazer uma busca no **Conselho Regional de Contabilidade**. É importante mencionar que uma parte da contabilidade da empresa é atribuição sua: formar o preço de venda dos serviços oferecidos.

Formação de preços

Na área contábil, classificamos os custos em: fixos, variáveis e custos de materiais.

Fixos

são aqueles que se repetem todos os meses (exemplo: aluguel, água, luz, telefone etc.).

Variáveis

estão presentes quando determinado serviço é vendido (exemplo: impostos, comissão dos profissionais etc.).

Custos de materiais

referem-se aos produtos utilizados na execução do serviço (exemplo: xampu, condicionador etc.).

Vejamos agora o esboço de uma planilha de custos fixos:

Planilha de custos fixos

CUSTOS FIXOS	
Descrição	Valor mensal
Aluguéis: Imóvel Máquina de cartão	R$ 400,00 R$ 85,00
Água, luz e telefone	R$ 350,00
Contador	R$ 280,00
Divulgação	R$ 300,00
Salários	R$ 600,00
Encargos sobre salários	R$ 468,00
Manutenção e limpeza	R$ 100,00
Retirada dos sócios	R$ 1.000,00
Material de copa	R$ 100,00
Depreciação	R$ 100,00
Total dos custos fixos	R$ 3.783,00

Fonte: Adaptado de Milani, 1994.

Os custos fixos **mudam** de uma empresa para outra, conforme o porte do salão. Os *custos variáveis*, ao contrário dos fixos, são representados em forma de **percentuais**. Segue um exemplo de tabela de custos variáveis.

Planilha de custos variáveis

CUSTOS VARIÁVEIS	
Descrição dos custos variáveis	Percentual
Mão de obra	35%
Impostos	8%
Margem de erro	3%
Outros	1%
Subtotal	47%
Lucros	15%
Total	62%
Total dos custos variáveis	

Fonte: Adaptado de Milani, 1994, p. 84.

Os percentuais dos impostos podem mudar de empresa para empresa, pois dependem do faturamento. Sendo assim, o empreendedor deve consultar um contador para verificar o percentual de impostos que a companhia paga. Nesta obra, optamos por utilizar valores percentuais fictícios.

Essa margem de erro é empregada para evitar prejuízos com cálculos que não foram previstos ou que foram elaborados de forma equivocada.

Depois de trabalharmos com os custos fixos e materiais, precisamos calcular os valores que gastamos com os produtos que são usados no atendimento ao cliente, ou seja, os *custos com materiais*.

Suponhamos que uma cliente com cabelo de tamanho **médio** procurou você para fazer uma progressiva. Sendo assim, os **custos** dos materiais a serem utilizados são:

CUSTOS DE MATERIAIS			
Material	Preço	Quantidade do produto	Quantidade por cliente
Produto para progressiva	R$ 550,00	1000 g	60 g
Xampu antirresíduo	R$ 132,00	1000 ml	30 ml

Agora é hora de fazer os cálculos de quanto **será gasto** com cada produto empregado para a progressiva da cliente em questão. As contas podem ser feitas da seguinte forma:

Custo dos materiais:

$$\frac{\text{Preço do produto}}{\text{Quantidade}} \times \text{quantidade por cliente} =$$

Aplicando os valores, teremos:

Custo dos materiais:

$$\frac{R\$ \ 550,00}{1000} \times 60 = R\$ \ 33,00 \quad \text{(Produto usado para a progressiva)}$$

$$\frac{R\$ \ 132,00}{1000} \times 30 = R\$ \ 3,96 \quad \text{(Xampu)}$$

Dessa forma, o custo dos materiais nesse atendimento é de R$ 36,96.

Agora podemos dizer que já conhecemos um pouco dos números relativos aos custos de um salão de beleza. Sendo assim, que tal organizá-los em uma **tabela** para que possamos visualizá-los melhor?

Tipos de custos	Valores ou percentuais por unidade de serviços
Custos fixos + custo dos materiais	R$ 3,98 + 36,96 = R$ 40,94
Custos variáveis	62%

Agora ficou mais fácil, não é mesmo? Para a **formação do preço de venda**, utilizaremos **todas as informações que possuímos**, aplicando-as na seguinte fórmula:

$$\frac{\text{Custo total}}{100 - \text{Custos variáveis (\%)} \div 100} = \text{Preço de venda}$$

Fonte: Milani, 1994, p. 84

Ou seja:

$$\frac{\text{R\$ 40,94}}{[(100 - 62) \div 100]} = \text{Preço de venda}$$

$$\frac{\text{R\$ 40,94}}{(38 \div 100)} = \text{Preço de venda}$$

$$\frac{\text{R\$ 40,94}}{0,38} = \text{R\$ 107,74 (Preço de venda)}$$

Como podemos ver, o preço de venda é R$ 107,74.

A função do caixa

O operador de caixa recebe **valores** e **contas**, **controla o dinheiro** e **efetua os pagamentos** e elabora **os relatórios de controle**, entre outras atividades. O recebimento dos serviços utilizados e de seus respectivos valores se dá por meio de uma *comanda*. Essa função é, geralmente, exercida pelos recepcionistas ou mesmo pelo dono do salão de beleza.

Modelo de comanda

Sempre mais para você!!!!
Rua nº 04 – Centro
Fone: (xx) xxxx-xxxx
Cliente: _____
Data: _____/_____/_____ Comanda nº 1250

Serviços	Atendente	Valor
Corte		R$
Escova		R$
Manicure		R$
Pedicuro		R$
Dep. virilha		R$
Dep. axila		R$
Dep. perna		R$
Dep. completa		R$
Sobrancelha		R$
Luzes		R$
Mechas		R$
Hidratação		R$
Massagem		R$
Podologia		R$
Cauterização		R$
Coloração		R$
Maquiagem		R$
Limpeza de pele		R$
Outros		R$
Total		R$

Durante um dia normal de trabalho, há **dois momentos** importantes que envolvem a função do operador de caixa. São eles a *entrada* e a *saída*.

Entrada

Refere-se ao pagamento efetuado pelos clientes pela venda dos serviços. Ele pode ser em dinheiro, cheque, cartão ou mesmo mediante nota promissória. Independentemente da forma de pagamento, a comanda deve ser entregue ao operador de caixa.

Saída

Momento em que são retirados valores do caixa para pagamentos diversos, que incluem o adiantamento do salário dos funcionários e outras necessidades do salão. Ao serem retirados do caixa, esses valores devem estar acompanhado de alguns documentos, que podem ser:

- recibos;
- notas fiscais de pagamentos;
- duplicatas;
- faturas;
- boletos;
- vales de funcionários.

Lembre-se!

Não faça *retiradas* sem comprovantes. Se fizer isso, você correrá o risco de *esquecer* os valores, tendo de pagar do seu bolso caso isso aconteça!

Quando o salão **encerra as atividades diárias**, é hora de *fechar o caixa* e registrar todos os acontecimentos – referentes à entrada e à saída de valores – que ocorreram no dia. Esse registro é feito mediante um **relatório**. Outra atividade que deve ser realizada durante o fechamento do caixa é a *verificação*, na qual a movimentação do dia deve "conferir" com os valores que estiverem em caixa. Para isso, há um **relatório de movimento de caixa**, que deve ser devidamente preenchido.

Modelo de relatório de movimento de caixa

No campo **ordem**, você deve anotar a sequência de acontecimentos envolvendo o caixa do salão;

Na segunda coluna, deve estar anotado o número de cada comanda para eventuais conferências;

No espaço destinado ao histórico/serviço, especifique as ocorrências verificadas no caixa durante o dia;

MOVIMENTO DE CAIXA
Data: _____/_____/_____

Ordem	N° comanda	Histórico/Serviços	
Total			

Valores em dinheiro:
Valores em cartão de crédito:
Valores em cartão de débito:
Valores em cheque:
Valores em nota promissória:
Saldo inicial:
Outras formas de valores:
Total geral do caixa:
Assinatura: _____

No campo **saldo**, anote o valor total em caixa;

No campo **profissional**, deve constar o nome do funcionário responsável pela venda ou pela retirada de valores.

Em **entrada** e **saída**, você precisa lançar os valores do dia;

Entrada	Saída	Saldo	Profissional
		Saldo do dia	

Fique atento!

Os pagamentos profissionais **variam de salão para salão**. Alguns estabelecimentos efetuam os pagamentos semanalmente ou quinzenalmente. Isso depende do acordo feito com os funcionários.

Observe o modelo a seguir com os respectivos lançamentos:

Relatório de movimento de caixa preenchido

MOVIMENTO DE CAIXA – Data: 12/10/2011		
Ordem	N° comanda	Histórico/Serviços
01		Saldo inicial
02	1251	Progressiva
03	1252	Corte masculino
04	1253	Escova
05		Compra de lanche
06	1254	Progressiva/Corte
07	1255	Hidratação/Escova
08	1256	Manicuro/Pedicuro
09	1257	Depilação completa
10	1258	Maquiagem
11	1259	Mechas/Corte
12		Vale (Sérgio)
Total		

Valores em dinheiro: R$ 427,00
Valores em cartão de crédito: R$ 100,00
Valores em cartão de débito:
Valores em cheque: R$ 50,00
Valores em nota promissória:
Saldo inicial: R$ 200,00
Outras formas de valores: R$ 130,00 (vale de funcionário e nota do lanche)
Total geral do caixa: R$ 907,00
Assinatura: _____

Entrada	Saída	Saldo	Profissional
R$ 200,00		R$ 200,00	Salão
R$ 150,00		R$ 350,00	Sérgio
R$ 25,00		R$ 375,00	Mário
R$ 20,00		R$ 395,00	Sérgio
	R$ 30,00	R$ 365,00	Salão
R$ 175,00		R$ 545,00	Maria
R$ 60,00		R$ 575,00	Mário
R$ 27,00		R$ 602,00	Márcia
R$ 45,00		R$ 647,00	Márcia
R$ 80,00		R$ 727,00	Mariana
R$ 125,00		R$ 852,00	Mário
	R$ 100,00	R$ 752,00	Salão
R$ 907,00	R$ 130,00	Saldo do dia R$ 777,00	

Contas a receber

Após o **preenchimento do relatório referente ao movimento de caixa**, o próximo passo é fazer os devidos **lançamentos nos relatórios de controles das contas a receber**. Nesses documentos, devem ser anotadas as vendas feitas em cartão de crédito, em cheques pré-datados e em notas promissórias. A seguir, está um exemplo de *relatório de controle de contas a receber*.

Relatório de controle de contas a receber preenchido

- A data se refere ao dia em que a venda foi feita;
- O documento se refere à forma de pagamento que o cliente utilizou;
- Na coluna *cliente*, você precisa especificar o nome do responsável pela despesa;
- No campo *vencimento*, você deve anotar a data prevista para o recebimento dos valores;

CONTROLE DE CONTAS A RECEBER – Mês: Novembro/2011

Cliente	Data	Documento	Vencimento
Operadora Visa	12/10	Cartão	12/11
João Marcos	12/10	Cheque	01/11
Operadora Mastercard	13/10	Cartão	13/11
Operadora Visa	13/10	Cartão	13/11
Maria do Carmo	14/10	Nota promissória	14/11

Você sabia?

Quando o cliente efetua uma compra de serviço mediante **cartão de crédito**, quem pagará as despesas para o salão até a data de vencimento será a **operadora desse cartão**.

Por meio do preenchimento da data de recebimento, você é capaz de controlar o recebimento dos pagamentos;

O saldo se refere ao valor total que você tem a receber no mês;

No campo dos descontos de juros, você deve lançar os descontos concedidos ou os juros cobrados em caso de atraso de pagamentos.

Valor	Data de recebimento	Saldo acumulado	Desc./Juros
R$ 100,00		R$ 100,00	
R$ 50,00		R$ 150,00	
R$ 250,00		R$ 400,00	
R$ 450,00		R$ 850,00	
R$ 35,00		R$ 885,00	

Obs.: O período de vencimento do pagamento pode variar de operadora para operadora.

Cobranças

Em termos financeiros, **cobrança é a exigência do pagamento de determinada dívida assumida por um devedor** (Holanda, 2004). São vários os **motivos** que podem levar o cliente a não pagar suas dívidas, os quais podem ser **justificáveis** (desemprego, motivos de doença ou outra eventualidade qualquer) **ou não**. Independentemente das razões, o profissional responsável pela cobrança deve desenvolver **estratégias** para que a dívida seja paga.

Caso o cliente **não pague** pelos serviços prestados, você deverá:

entrar em contato com o cliente e tentar uma negociação **amigável**;

se for necessário, conceder mais um prazo, cobrando **juros de mercado**.

Se o pagamento realmente não ocorrer, você poderá **acionar a justiça**, levando o título da dívida (cheque ou nota promissória) para **protesto**. Outra alternativa é manter **convênio** com o Serviço de Proteção ao Crédito (SPC) e incluir o nome do cliente nesse registro.

Antes da cobrança, é necessário que você atente para a Lei nº 8.078/1990, também denominada *Código de Defesa do Consumidor* (CDC), que estabelece **normas de proteção** ao cliente. Além disso, pesquise nos Cartórios de Títulos e Protestos quais são as regras para se protestar um título de dívida.

Contas a pagar

Para **controlar** as contas do salão de beleza, você poderá utilizar uma ficha denominada *Controle de contas a pagar*. Nela, você poderá lançar os **custos fixos**. Fazer isso é uma forma de **organizar** todas as **dívidas** do estabelecimento, o que irá ajudá-lo a tomar decisões importantes, como quando comprar e que prazos negociar.

Ficha de controle de contas a pagar

> No campo **fornecedor/obrigação**, deve ser lançado o nome de quem receberá os valores;

> No espaço intitulado **documento**, você precisa explicitar a forma de pagamento acordada (boleto, cheque, cartão etc);

CONTROLE DE CONTAS A PAGAR – Mês: Novembro/2011			
Fornecedor/Obrigação	Data	Documento	Vencimento
Aluguel	-	Boleto	15/11
Contador	-	Contrato	15/11
Salários	-	Folha de pagamento	07/11
Água/Luz/Telefone	-	Fatura	10/11
Máquina do cartão	-	Débito	10/11
Casa da Beleza	20/10	Cheque	20/11

> A data se refere ao dia em que foi feito o compromisso de dívida;

> Na coluna referente ao vencimento, deve-se mencionar a data acordada para o pagamento;

> O campo ***pagamento*** diz respeito ao registro da data em que o serviço foi pago efetivamente;

> O saldo é a soma das dívidas do mês;

> No campo referente aos descontos ou juros, você deve fazer os lançamentos destes, quando são necessários.

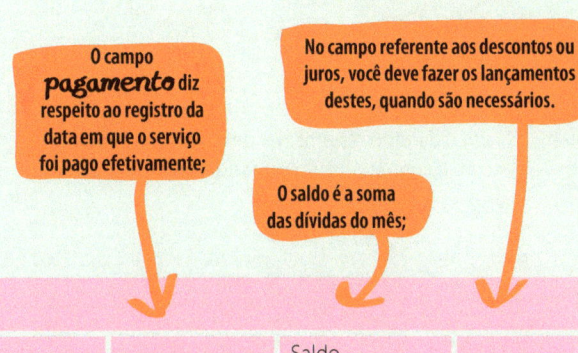

Valor	Pagamento	Saldo acumulado	Desc./Juros
R$ 400,00		R$ 400,00	
R$ 280,00		R$ 680,00	
R$ 600,00		R$ 1.280,00	
R$ 350,00		R$ 1.630,00	
R$ 85,00		R$ 1.715,00	
R$ 200,00		R$ 1.915,00	

Por meio da referida ficha, você terá todas as **informações** acerca das **contas a serem pagas**, que envolvem desde os **custos fixos** – referentes à negociação com os fornecedores – até os objetos e móveis que sejam adquiridos para o salão de beleza.

Momento produção!

1. Quais cuidados o responsável pelo salão de beleza deve ter com o contrato de um profissional autônomo?

2. Relacione as colunas:

(A) Autônomo	( ) Realiza trabalhos eventuais. ( ) Tem direito a férias.
(E) Empregado	( ) Deve ser registrado no INSS. ( ) Não possui nenhum registro legal.
(I) Trabalhador informal	( ) Não está subordinado a alguém. ( ) Tem direito a salário.
	( ) Ao encerrar o contrato de trabalho, possui direito a aviso prévio.

3. Na sua opinião, quais motivos levam um salão de beleza a contratar um profissional em regime informal de trabalho?

4. No Brasil, todas as ocupações profissionais são identificadas pela **Classificação Brasileira de Ocupações** (CBO). Sendo assim, pesquise no Portal do Ministério do Trabalho e do Emprego (http://www.mtecbo.gov.br/) a descrição da função de cabeleireiro e o seu respectivo código. Você também pode fazer isso com outras ocupações!

5. Que tal usar a criatividade? Apresente propostas para aumentar a qualidade dos serviços que o seu salão presta aos clientes. Para isso, faça pesquisas em revistas especializadas, na internet ou em outras fontes. Não esqueça de levar em consideração as seguintes perguntas: O que eu posso fazer de melhor? O que os meus concorrentes ainda não oferecem?

6. Imagine que você trabalha em um salão de beleza e o fornecedor entregou um pedido de condicionadores. Sendo assim, você deverá lançar a **entrada** do produto na ficha de controle de estoque.

Informações

Fornecedor: J.J. Produtos de Beleza Ltda.

Entrada: 15 unidades/Produto: Condicionador Mais a mais – 250g/Data: 02/10/2011

Código: 101589/Custo Unitário: R$ 25,35

Saída: 05/10/2011 (03 unidades) 07/10/2011 (04 unidades) 08/10/2011 (02 unidades).

FICHA DE CONTROLE DE ESTOQUE					
Nome do produto:					
Código:					
Fornecedor:					
Data	Custo unitário	Entrada	Saída	Saldo	

7. Defina, com suas palavras, o que são custos fixos, custos variáveis e custo dos materiais.

8. Imagine que uma cliente procurou o seu salão para fazer uma coloração. Para isso, será utilizado um tubo de tinta que custa R$ 15,00. Considerando os custos fixos (R$ 3,98), o percentual dos custos variáveis (62%) e o preço do produto a ser utilizado, calcule o preço dessa venda.

4 MARKETING do salão de beleza

O *marketing* trata da **comunicação da empresa com o mercado** e é essencial para o sucesso do negócio. Mas o que significa essa palavra? Será que *marketing* é vender cada vez mais? Ou será que é **a propaganda**, que é a propagação da ideia de certo produto ou serviço? Ou será ainda a **publicidade**, com anúncios e comerciais em todas as mídias? **Na realidade, o marketing é muito mais que tudo isso!** Veja a definição desse termo proposta por Andrade (2010, p. 19):

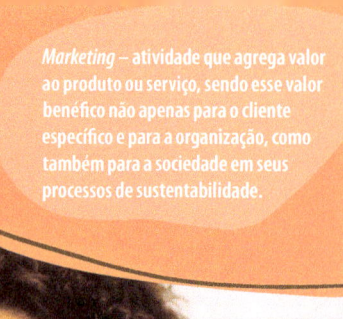

Marketing – atividade que agrega valor ao produto ou serviço, sendo esse valor benéfico não apenas para o cliente específico e para a organização, como também para a sociedade em seus processos de sustentabilidade.

Em outras palavras, o *marketing* é o **trabalho de dar valor ao produto ou serviço de determinada empresa!** Valorizar o produto ou serviço nada mais é do que fazer com que estes superem as expectativas do cliente. Você faz isso em seu salão? Seus serviços e produtos são planejados de modo que os clientes reconheçam seu estabelecimento como uma empresa de excelência? Ou o seu salão é o mais bonito da região, com o melhor serviço que se pode oferecer, com um preço excelente, mas ninguém o conhece? Pense nisso e responda às seguintes perguntas:

> **Os diferenciais que você oferece são suficientes?**
>
> **Você acha que conseguirá clientes suficientes para se manter nesse mercado tão competitivo?**

Caso as respostas a essas questões sejam negativas, **é importante que você trace uma estratégia de *marketing*** ou seja, um plano de ação para que seu salão "brilhe" em sua região.

No momento de elaborar a estratégia, você deverá escolher as ações de *marketing* que serão implantadas na divulgação do seu negócio. Uma grande preocupação, quando falamos em divulgação, é o **custo**. Mas não se preocupe: **nem toda divulgação tem de ser cara!** O importante é você estar **antenado com as tendências de marketing e usar sua criatividade**. O que não falta são estratégias de *marketing* que podem ser aplicadas em todas as áreas de serviços e comerciais. Mas para que você tenha uma base e comece na frente em relação aos seus concorrentes, que tal conhecer algumas sugestões do **marketing olfativo**? Já ouviu falar a respeito? Não? Então, leia a reportagem nas páginas a seguir.

Leitura complementar!

Aromas que vendem

[...]

"**Uma boa composição olfativa é capaz de atrair a atenção do cliente, podendo aumentar o tráfego no estabelecimento, a velocidade de visitação, o tempo de permanência dentro da loja, despertar a fome e até a libido**", afirma Eduardo Caritá, dono da Croma Microencapsulados, fabricante de microcápsulas para aromatização de ambientes e mídias. Segundo o especialista, com a comunicação olfativa é possível devolver ao consumidor cheiros que ele deixou se sentir, seja por causa da poluição ambiental ou da adoção de embalagens a vácuo.

[...]

Conceito novo – **Foram os americanos os primeiros a fazer do aroma um aliado, usando-o para manter os apostadores mais tempo diante das mesas de jogos nos cassinos de Las Vegas, ainda na década de 70**. Chineses e japoneses também investiram na aromatização dos mais diversos tipos de ambiente e até o metrô de Paris tem sua própria marca olfativa. No Brasil, esse é um conceito novo, iniciado em meados dos anos 90 por alguns supermercados dispostos a atrair a atenção dos consumidores para áreas de pouco tráfego ou para um novo produto em oferta. Depois vieram as feiras e exposições e, há não mais de três anos, uma demanda mais significativa por parte do varejo e de promotores de eventos artísticos e culturais.

[...]

Escolher um aroma que se identifique com o negócio e, principalmente, que desperte algum tipo de sensação agradável no público da casa é um exercício que pode levar meses e, às vezes, até anos. Segundo Fernando Amaral, sócio da Aromagia, especializada no desenvolvimento de fragrâncias, **a comunicação olfativa deve ser personalizada e só cumpre o seu papel quando evoca a lembrança de determinada marca ou lugar**. "Aromas clássicos, disponíveis para todo o mercado, não surtem efeito porque estão veiculados a outras referências e podem confundir o consumidor, que não saberá exatamente onde e quando sentiu aquele cheiro", explica Amaral.

[...]

Para colher bons resultados, **o caminho é fazer uma análise da faixa etária, origem e hábitos do consumidor, cruzando esses dados com o conceito da marca e do produto**. "Em nenhum momento devemos esquecer que o repertório olfativo tem uma permanência na memória das pessoas maior do que o visual. A imagem fixa-se por alguns meses; o cheiro, por anos. E se apresentar algum envolvimento emocional, pelo resto da vida", afirma Caritá, lembrando que há aromas característicos de cada década (leia o quadro "Festa dos sentidos").

[...]

Fonte: Simões, 2009, grifo nosso.

Divulgação

Muitas empresas literalmente "morrem" em seus primeiros anos de existência por se descuidarem neste quesito. **Não basta a fachada bonita, os equipamentos de última geração, os cabeleireiros "antenados" nas técnicas e cortes do momento se o seu salão de beleza não se fizer notar em alto o bom som!** Por meio de uma divulgação eficaz, a empresa não estará sob os limites "geográficos" de quem passa na frente do local.

Como você já deve ter observado, são várias as mídias por meio das quais você pode fazer com que seu estabelecimento seja conhecido. Mas fique atento! **Cada meio de comunicação tem suas características e seu plano de marketing deve ter claro qual é o melhor recurso a ser utilizado.** São eles:

- rádio;
- televisão;
- panfletos;
- jornal;
- outdoors;
- internet;
- faixas;
- panfleto;
- revista

Fique atento!

Um detalhe importante a ser levado em conta quando da escolha do tipo de propaganda é a **verba disponível para a divulgação**. Lembre-se também de avaliar o *tipo de divulgação* a ser utilizado em relação ao público que tem acesso ao seu estabelecimento. Dois fatores são importantes nesse raciocínio: *a localização de seu salão* e *o público que você pretende atingir*. Seu salão está instalado em um bairro pequeno, no centro da cidade, ou em uma região residencial considerada "nobre"? Qual é o poder aquisitivo de seus clientes, ou seja, o quanto você acha que eles estão dispostos a pagar por seus serviços ou produtos? Você quer ser conhecido na região em que você trabalha ou em toda a cidade? Com essas perguntas em mente, ficará mais fácil decidir *o meio de divulgação mais adequado para o seu estabelecimento*.

Sucesso com o seu público específico!

Puxa vida! Quantos detalhes a serem pensados, não é mesmo? Mas **não desanime**! Com dedicação e determinação, seus esforços serão recompensados. Veja na matéria de Klinger Portela o caso de um salão carioca despretensioso que, com suor e trabalho duro, tornou-se uma das grandes referências do mundo da estética.

Leitura complementar!

Nova classe média abre filão para pequenas empresas

[...]

Os cabelos crespos de Heloísa Assis lhe renderam verdadeira fortuna. Sócia fundadora do Instituto Beleza Natural, Zica, como é conhecida, lidera uma **rede de salões de beleza especializada em cabelos crespos, com foco em clientes da classe C. O faturamento das atuais 11 unidades chegou a R$ 78 milhões em 2009.**

No início da década de 1990, Zica e seus três sócios – o marido, o irmão e a cunhada – iniciaram um negócio despretensioso. Abriram, em 1993, um salão de beleza na Tijuca, Rio de Janeiro. A iniciativa se transformou num caso de sucesso mundial. Dezessete anos depois, o Instituto Beleza Natural **é referência em seu segmento e tem projetos ambiciosos de crescimento no curto prazo**.

[...]

Com gastos médios de R$ 116,28 por cliente, o Beleza Natural desenvolve produtos específicos para cabelos crespos, que respondem por 35% do faturamento do grupo. Novos produtos são desenvolvidos com base em **pesquisas na casa das clientes e em redes sociais, como o Orkut**.

Oportunidades

[...]

"Como a classe C já está atendida em uma série de itens mais básicos, o que vemos é que **nas classes D [e] E há uma série de necessidades não atendidas**, e aí é que está a grande oportunidade para as empresas", pontua [a antropóloga Luciana Aguiar, sócia do Plano CDE, consultoria especializada no estudo da classe média brasileira.].

Para tanto, é necessário que sejam desenvolvidos produtos específicos para esse filão de mercado, com necessidades especiais. "Demanda das empresas maior ousadia e maior inovação nas ações", diz Luciana Aguiar. "**Como são consumidores do mercado informal, exige repensar a forma de trabalhar.**"

Anthony Talbot, do Beleza Natural, concorda. "É uma consumidora que quer novidade sempre", diz.

[...]

Fonte: Portela, 2010, grifo nosso.

Um fator importante que você deve considerar é que o *marketing* é um investimento, ou seja, ele traz retorno. E lembre-se: o *marketing* é muito mais que venda, publicidade e propaganda – é preciso que os serviços prestados sejam de excelência, que o ambiente seja agradável e funcional (com espaços bem planejados, para oferecer o máximo de conforto aos clientes). **Caso seu salão não atenda a essas especificações, reveja seus conceitos, pois não haverá divulgação cara o suficiente que "salve" seu estabelecimento**.

Mas tenha calma! **A divulgação não rende clientes da noite para o dia, pois leva um tempo para que as pessoas conheçam o seu salão**. É possível que elas adiem várias vezes a decisão de entrar em seu estabelecimento, principalmente se você tiver concorrentes próximos a você. Outro fator que você tem de aguardar é o "*boca a boca*" – os clientes que vierem ao seu salão, gostando ou não de seus serviços, irão comentar com amigos e amigas sobre seu estabelecimento, o que irá refletir diretamente no seu número de clientes. **O importante é ter claro o público que você busca alcançar através desses meios de comunicação, focando em estratégias específicas para atraí-lo**. E não se esqueça de que os dados mais básicos – telefone, *e-mail*, *site* e horário de atendimento – são os mais importantes.

O que deve ser observado em um anúncio:

- O **destinatário**, ou seja, o público que se deseja atingir. O texto deve ser **claro**, de **fácil compreensão** e, ao mesmo tempo, **impactante** (que chama a atenção).

- As **informações** que são indispensáveis para o anúncio.

- A **estética** do anúncio – seu estabelecimento lida com beleza, portanto, deve ser **bem redigido** e possuir **belas ilustrações**, que representem bem a sua mensagem.

- Um anúncio deve responder a questões simples como: O que está sendo anunciado? Por quem? Quando? Onde? Por quanto?

Fique atento!

Tome cuidado com os exageros! Não adianta anunciar coisas mirabolantes, pois o cliente precisa **acreditar no que está sendo anunciado** e a empresa precisa **cumprir o que promete** – *este é o primeiro passo para a fidelização da clientela*.

E então: ficou claro para você o que é um anúncio? Você pode ainda estar se perguntando: "*De que forma e onde podemos anunciar?*". Com esse início de conversa que tivemos, você já deve ter notado que existem vários tipos de mídias (veículos de comunicação), que cobram preços que variam de acordo com o público pretendido, entre outros fatores. Que tal conhecer um pouco de cada um desses recursos?

Televisão

"Eu já ouvi falar que é um recurso muito caro!", você deve estar pensando. Isso é verdade. Mas pense que você pode atingir milhares, talvez milhões de espectadores, dependendo do horário em que for veiculado seu anúncio! Se optar por esse tipo de mídia, planeje bem o **tempo de execução do anúncio**, pois o preço é calculado com base nesse dado. O **horário do anúncio** também é um detalhe importantíssimo. À noite, no intervalo das novelas, de jornais e programas de grande audiência, por exemplo, **o preço é muito mais caro que no período da manhã**. Mas seu público está diante de uma televisão de manhã? Então, avalie primeiramente se a televisão é realmente a mídia adequada e se ela cabe no orçamento do salão.

Jornal

"Nossa, jornal seria uma ótima ideia!" Com certeza! Mas, antes de você "parar as prensas" com o anúncio de seu salão, são necessárias algumas reflexões, pois o jornal também possui vantagens e desvantagens. Uma das vantagens é o **custo inferior ao do anúncio em televisão**. Além disso, o leitor, na maioria das vezes, verá sua mensagem no período da manhã, com a cabeça tranquila. A desvantagem é que o **público alcançado é menor**, visto que a quantidade de pessoas que leem jornal cotidianamente tem diminuído. O **tamanho do anúncio irá influenciar na atenção que ele irá atrair**; se for muito pequeno, poderá passar despercebido. Coloque no anúncio apenas o indispensável sobre seu salão, para não poluir de informações um espaço de texto pequeno.

Outdoor

Outdoor é um painel que fica exposto para quem passa pela rua. Ele pode ser lido tanto por pedestres quanto por pessoas que estão em veículos e, portanto, andando com mais velocidade. Por isso, **anuncie apenas o essencial**.

Faixas

Faixas são o recurso mais indicado para **informar uma mudança** — início ou recesso das atividades da empresa, mudança de endereço, entre outros casos. Assim como nos *outdoors*, as mensagens devem ser **diretas** e **curtas**.

Rádio

Apesar de já ter sido superado sob vários aspectos pela televisão, meio pelo qual você pode ver a mensagem que está sendo transmitida, e pela internet, onde você pode acessar milhões de dados em questão de segundos, o rádio ainda é um meio de comunicação poderoso na sociedade. Não o subestime, pois é uma mídia eficiente e com custo relativamente baixo. **Contudo, deve-se repetir o anúncio por várias vezes para que o conteúdo seja fixado pelos futuros clientes**. Nos anúncios em rádio, pode-se pensar num *slogan*, ou seja, uma frase de efeito que sintetize o diferencial da sua empresa. **Mas os detalhes mais importantes são em que emissora de rádio divulgar, em quais horários e quais os programas que mais bem se adaptam ao gosto do público-alvo do salão**.

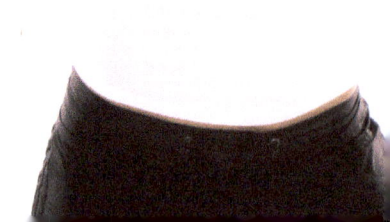

Panfleto

Até esta altura do texto, você deve estar pensando: "Decisão difícil, esta da divulgação! Ou eu tenho uma boa cobertura com as redes de televisão, mas pagando um preço muito alto, ou apelo para os jornais, pagando muito menos, mas atingindo um público muito menor. *Como faço para unir o 'útil ao agradável?'*". Quer um meio barato de divulgar seu estabelecimento ou, quem sabe, uma promoção de seu salão? O panfleto apresenta um **retorno rápido**, quando comparado a outras mídias. Caso você opte por essa mídia, é necessário ter uma boa noção de onde deixá-los. Universidades e faculdades, bem como bares e restaurantes, por serem lugares de grande circulação de pessoas, são opções interessantes de pontos de divulgação. Prefere que os panfletos sejam entregues na rua? Então, *preste atenção nas pessoas que farão a distribuição*. Elas devem estar bem vestidas, de preferência com trajes que se identifiquem com seu salão. Selecione pessoas carismáticas, de boa apresentação pessoal. Lembre-se: **seus panfletos devem ter boa uma qualidade visual, com uma quantidade suficiente de informações e dados para contato sempre atualizados.**

Revista

Meio muito utilizado pelo segmento de beleza, principalmente em revistas especializadas. Tem **vida útil mais longa** e é possível utilizar páginas inteiras ou apenas notas de rodapé.

Vale lembrar que quanto maiores forem o espaço e a utilização de cores, mais caro será o anúncio. Invista numa boa produção, com imagens de qualidade e atraentes.

Internet

Na era da informação, *seu salão precisa estar acessível na internet!* Com um *site* bem planejado e produzido, seus clientes poderão conferir quais os serviços disponíveis, agendar horários, conferir endereço(s) e telefones do salão, sugerir ou reclamar e ainda receber *newsletters* (informativos virtuais periódicos) via *e-mail*. **A relação custo-benefício é atraente, pois o custo é razoável e a vida útil de um website é longa**. Por meio das **redes sociais**, pode-se ainda potencializar o número de acessos e, consequentemente, a divulgação da empresa. O *site* permite a você fornecer atualizações que interessem seus clientes e é uma maneira fácil para que estes divulguem entre si a sua empresa. Por fim, o *site*, além de ser uma importante ferramenta de divulgação, permite também o *relacionamento com o cliente*.

Momento produção!

Que tal elaborarmos um anúncio? Suponha que você quer divulgar uma promoção com intuito de atrair novos clientes. Então, mãos à obra! Planeje uma promoção que seja atraente e providencie um anúncio, avaliando qual mídia você utilizará. Não se esqueça de que essas promoções podem ser feitas em datas comemorativas.

Busque um jornal de grande circulação em sua cidade e pesquise anúncios de outros salões. Faça uma análise e apresente sugestões para tornar esses anúncios mais atrativos.

Fidelização de clientes

Com a divulgação de sua empresa, você já percorreu um longo caminho, planejando, buscando alternativas de *marketing* para que o seu estabelecimento se tornasse conhecido por parte de seu público-alvo. *Então, você já pode comemorar? Missão cumprida? Não, nada disso!* A divulgação do salão de beleza é apenas o começo de sua trajetória, pois não basta que as pessoas consumam seus produtos e utilizem seus serviços, se elas o fizerem apenas uma vez e nunca mais cogitarem ir ao seu salão. Portanto, *a fidelização dos clientes é a ferramenta mais importante em sua estratégia de marketing*. Lembra-se de que o *marketing* consiste no trabalho de conferir valor aos seus produtos e serviços?

Então, planeje os processos de fidelização do cliente respondendo às seguintes perguntas:

- Meu salão oferece serviços e produtos diferenciados?

- Meu estabelecimento oferece atendimento personalizado? Faço com que meus clientes realmente se sintam importantes?

- Meu salão de beleza realiza promoções para os clientes que frequentam o salão, no intento não só de atrair novos clientes, mas também de fidelizar os que já possui?

- Eu realmente conheço meu cliente, procurando estabelecer seu perfil e satisfazer às suas necessidades?

- Meu corpo de funcionários está atento às reclamações dos clientes?

- Eu invisto no relacionamento com meus clientes, cuidando da manutenção dos cadastros e contatos e do envio de mensagens – *e-mail*, SMS – em caso de promoções, alterações de dados do salão, como números de telefone e endereço?

- Eu invisto em ferramentas de fidelização, tais como os "cartões-fidelidade"?

Look cultural

Quer ler uma obra que trata, de forma detalhada, da fina arte de gerênciar serviços? Leia a obra **Gerência de serviços para a gestão comercial**, de Edelvino Razzolini Filho, publicado pela Editora InterSaberes. Neste livro, você terá à sua disposição uma rica descrição dos serviços do ponto de vista comercial, que deve ter a aplicação das ações de *marketing* como uma das suas ferramentas mais poderosas. Boa leitura!

Ações promocionais

Você não precisa ser um grande observador para notar que inúmeros estabelecimentos comerciais se utilizam das **promoções** para fidelizar clientes. **Liquidações, brindes dos mais variados tipos e tamanhos, cartões de desconto, entre outros recursos**, são as ferramentas das quais você deve se valer para reter os clientes e sempre mantê-los encantados com seu estabelecimento.

Planejar e implantar uma política de promoções em sua empresa:

- nos dias de menor movimento, geralmente início da semana, **reduz a sazonalidade da demanda e atrai novos clientes para o salão**, pois os consumidores adoram novidades desse tipo e sempre aguardam pela oportunidade de economizar dinheiro ou de usufruir de um serviço especializado sem custo algum;

- **retém clientes já fiéis à empresa**, pois as promoções demonstram como o salão está preocupado em ser um estabelecimento de destaque para seus consumidores;

- obviamente, **aumenta a venda de serviços** e, consequentemente, **a receita (o lucro) da empresa**.

Fique atento!

Não saia por aí oferecendo "mundos e fundos" para os seus clientes! A promoção é só um **complemento** ao *marketing* do negócio, e não o espírito do negócio! É importante oferecer "mimos" aos clientes, mas é essencial que você **reconheça o valor de seu trabalho e cobre o preço justo por ele**. Portanto, o planejamento desse tipo de iniciativa deve ser muito equilibrado, de forma a não trazer prejuízo para o salão.

Para praticar, imagine que seu estabelecimento precisa de uma boa promoção para alavancar as vendas. Comece respondendo às perguntas da seção a seguir:

Momento produção!

O que eu quero com essa promoção?

Que tipos de promoção os meus concorrentes estão fazendo?

Quais são os meus serviços e produtos mais procurados? Tenho funcionários suficientes para dar conta do salão, caso a promoção dê certo?

Como está a situação do caixa do meu estabelecimento? A promoção pode prejudicar de alguma forma os meus rendimentos? Em quanto tempo terei retorno dessa promoção?

Qual é a mídia mais interessante para que essa promoção seja divulgada?

A seguir, sugerimos algumas ações promocionais que podem alavancar seu estabelecimento:

- Oferecer serviços gratuitamente para aniversariantes;
- Propor o "dia da noiva";
- Conceder descontos especiais;
- Oferecer cartões fidelidade (após 10 serviços, o 11º é gratuito para clientes assíduos);
- Conceder preços e ofertas especiais para mensalistas;
- Propor pacotes de serviços com preços especiais;
- Promover vendas casadas (escove o cabelo e ganhe a hidratação).
- Aproveitar os dias de menor movimento para promoções.

> Até aqui, falamos de possibilidades de promoções bem-sucedidas. Mas existem aqueles estabelecimentos que "erram a mão" na hora de promover os serviços e produtos de seus salões. Eis os erros mais comuns em promoções:

Utilização de materiais de baixa qualidade: não há nada que deixe o cliente mais irritado do que ser considerado "bobo". O oferecimento de produtos que não tem circulação, por serem de má qualidade, é visto por parte do consumidor como *um ato de má-fé por parte do estabelecimento*.

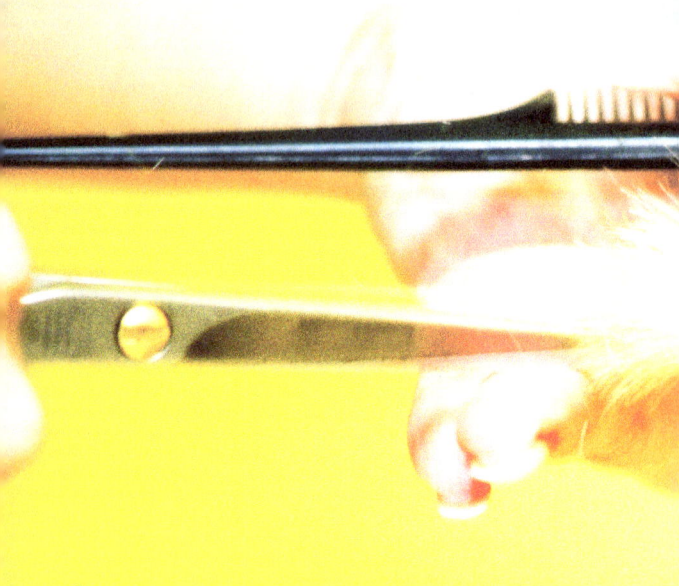

Desinteresse dos profissionais para com as promoções, devido à redução das comissões: esse é um problema grave, pois é um jogo de "cabo de guerra" entre os funcionários e a administração do salão. É importante que haja uma conversa, quando do planejamento da promoção, para que os funcionários **não se sintam lesados** e se conscientizem de que essa promoção é **necessária para alavancar o estabelecimento**.

Duração muito curta: apesar de ser uma tendência em muitas lojas, as "promoções relâmpago" costumam desagradar clientes que gostariam de ter acesso à promoção mas que, por falta de tempo ou pendências pessoais, não podem ir ao salão em determinado dia. Outro inconveniente é que, caso a promoção "cole" e muitas pessoas forem ao estabelecimento, a *qualidade de atendimento baixa muito*, deixando consumidores *irritados e indispostos a esperar*.

Pouca divulgação: sua promoção pode ser um sucesso no papel, mas de nada adianta se os clientes em potencial *não souberem nada do seu salão nem de sua iniciativa*. Nós "batemos nessa tecla" várias vezes neste capítulo, não é mesmo?

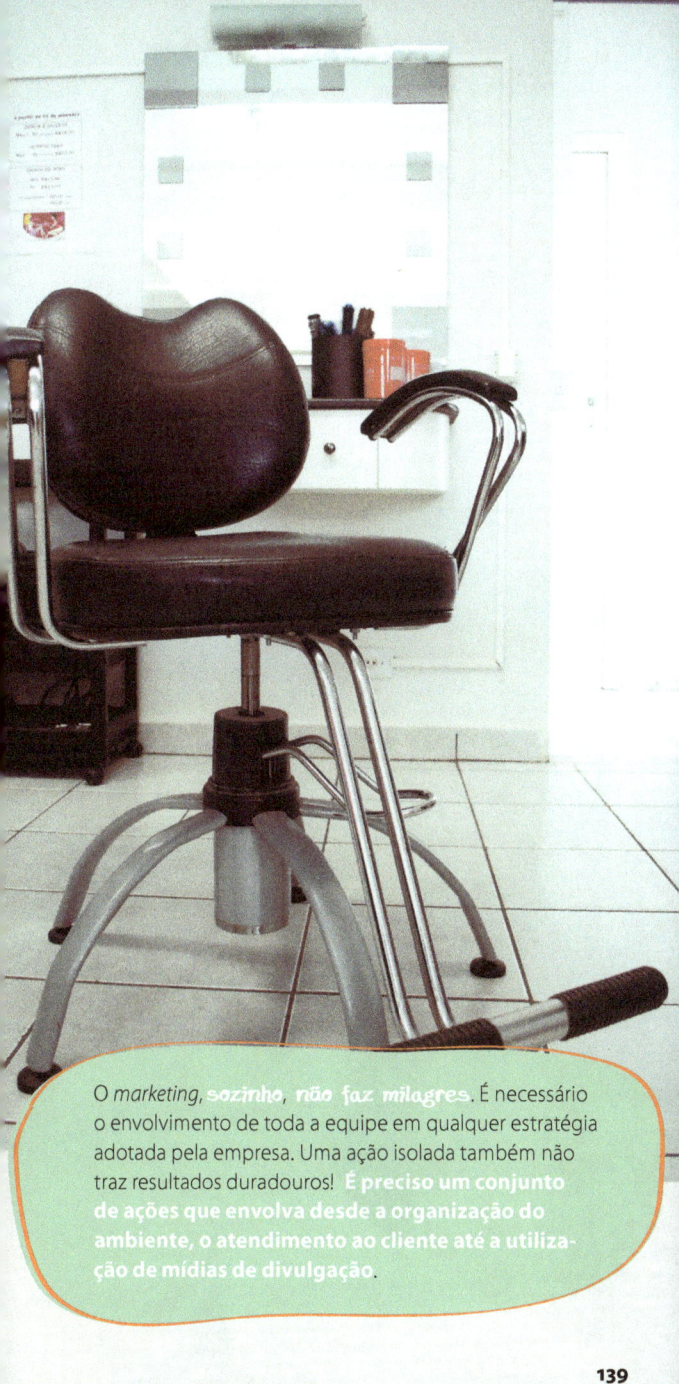

O *marketing*, *sozinho*, *não faz milagres*. É necessário o envolvimento de toda a equipe em qualquer estratégia adotada pela empresa. Uma ação isolada também não traz resultados duradouros! **É preciso um conjunto de ações que envolva desde a organização do ambiente, o atendimento ao cliente até a utilização de mídias de divulgação**.

5 Atendimento ao Cliente

É comum nos preocuparmos em focar nossos esforços nos produtos e nos serviços que iremos oferecer ao cliente e na melhor forma de divulgá-los. Entretanto, muitas vezes acabamos deixando de lado um elemento essencial para o sucesso de nosso negócio: *o cliente*. Afinal, de nada adianta investirmos pesado em infraestrutura e em profissionais de qualidade se não dermos ênfase a um *bom atendimento*.

A importância de se atender bem ao cliente

O **atendimento ao cliente** é uma das ferramentas mais importantes para o **sucesso** de um empreendimento. Em um mercado onde a *concorrência está cada vez mais acirrada*, ter um bom relacionamento com o cliente pode ser uma arma eficaz para *diferenciar a sua empresa das demais*. Vale mencionar também que esse bom relacionamento poderá *atrair até mesmo aqueles clientes mais exigentes para o seu estabelecimento*. Além disso, um **atendimento de qualidade** influenciará na decisão do consumidor de continuar ou não frequentando o seu estabelecimento. Caso o cliente **não fique satisfeito** com o tratamento que vier a receber, além da chance de perdê-lo, haverá o risco desse freguês fazer uma **propaganda negativa** do seu salão de beleza, afastando potenciais compradores.

Fique atento!

Em média, um **cliente satisfeito** conta para **três pessoas** a sua experiência positiva. Todavia, um **cliente insatisfeito** conta sua experiência negativa para pelo menos **11 pessoas**, o que faz com que o **boca a boca negativo cresça de modo impressionante** (Kotler, 2000, p. 462-463, grifo nosso).

Sendo assim, quais são as qualidades necessárias para um bom atendimento?

Parente (2000) faz uma lista com algumas **habilidades** e **atitudes** que podem contribuir para um atendimento de qualidade:

Facilidade de comunicação

É um dos fatores primordiais para a venda de produtos e serviços.

Imagem pessoal

O profissional deve estar com a aparência impecável, as roupas limpas e adequadas e a higiene pessoal em dia (bom hálito, cabelo penteado, cheiro agradável, unhas feitas, entre outros cuidados).

Características pessoais

Sinceridade, honestidade, gostar de lidar com o público; ser sociável, prestativo, criativo, confiável e ter entusiasmo são detalhes importantes.

Conhecimento

É preciso ter conhecimento técnico, buscar aperfeiçoar as habilidades profissionais, saber como inovar e dominar as novas tecnologias disponíveis no mercado.

Atitude

Atitude positiva, ou seja, ter pensamentos positivos, independentemente das circunstâncias, é essencial.

Saber ouvir

Dar atenção aos clientes, demonstrar interesse, olhar direto nos olhos e perceber emoções também são atitudes importantes para quem trabalha em um salão de beleza.

Adaptabilidade

Nesse ramo, é necessário falar com o freguês de uma forma que ele compreenda, evitando usar termos que somente os profissionais da área de beleza conhecem.

Hoje, devido à concorrência acirrada entre os estabelecimentos, terá **maior chance de sobrevivência** o salão de beleza que souber **encantar o cliente** com o atendimento que presta.

E o que é preciso para encantar o cliente?

Os clientes são **diferentes** e o serviço prestado varia de acordo com o **perfil** de cada um. Todavia, o que a maioria deles espera é que você:

- dê o que eles querem, o que eles pediram;
- seja rápido;
- efetue as tarefas do jeito que desejam;
- faça tudo isso por um preço justo.

De acordo com Almeida (2001, p. 47), para encantar o cliente, é preciso que o atendimento:

- seja fora de série;
- supere as expectativas do cliente;
- seja melhor que o da concorrência.

Fonte: Luz, 2007.

Como deve ser o atendimento

Surpreender;
causar surpresa.

> Admirar o cliente. É o que deve ser feito.

Surpreendente;
magnífico, maravilhoso.

> O atendimento deve ser admirável.

Surpreendido;
perplexo, admirado

> É como o cliente deve se sentir após o atendimento.

Fonte: Almeida, 2001, p. 48.

Fases do atendimento no salão de beleza

Em um salão de beleza, o atendimento ao cliente ocorre em **momentos distintos**, sendo representados por **quatro fases**. Caso haja **falha** em alguma delas, todo o processo de atendimento será perdido.

1

A fase inicial diz respeito ao **primeiro contato** do cliente com o salão, que, na maioria das vezes, **acontece por telefone**. Já nessa primeira fase, é necessário ser **cuidadoso**, pois você corre o risco de falhar com o cliente. Desse modo, é importante que você:

Mantenha o telefone **desocupado**, sem ficar "batendo papo";

Atenda às ligações, no máximo, até o **terceiro toque**;

Ao atender ao telefone, **cumprimente** o cliente; mencione o **nome do salão** e se identifique;

Ouça o cliente com **atenção**;

Ao final da ligação, **confirme** com o freguês as informações referentes ao agendamento do serviço – data, horário, profissional de preferência e serviço desejado;

Pergunte ao cliente se ele deseja marcar mais algum serviço. Depois de ter certeza de que o cliente/consumidor já solicitou tudo o queria, despeça-se dele e encerre o atendimento.

Você sabia?

Dois dos maiores problemas enfrentados pelos salões de beleza são o **desrespeito aos horários** e as **faltas sem motivo** por parte dos clientes. Alguns salões têm, inclusive, cobrado de clientes fixos os valores dos serviços que **não são desmarcados com antecedência**.

A *segunda fase* do atendimento é a *recepção dos clientes* na chegada ao salão. Nesse momento, muitos estabelecimentos "**deixam a desejar**", principalmente os pequenos, visto que, geralmente, não possuem um funcionário específico para recepcionar o cliente. Assim, quando este chegar ao salão:

Dirija-se ao cliente para que não fique "perdido" na entrada do estabelecimento;

Verifique a agenda do salão para ter certeza do horário e da disponibilidade do profissional que irá atendê-lo. **Seja ágil**: esse é o momento de surpreender o cliente. Por isso, atenda-o no horário marcado;

Acomode o cliente, ofereça-lhe água, café e disponibilize material de leitura (revistas, jornais etc.);

Avise o profissional que o cliente o espera;

Se o freguês não for atendido na hora marcada, dê **atenção** a ele.

3

A **terceira etapa** é o **atendimento propriamente dito**, em que acontece a prestação do serviço. Durante esse contato, é muito importante **cativar** o cliente, oferecendo a ele um serviço de **qualidade**. Para isso, é importante colocar em prática as seguintes **dicas**:

Esclareça com o cliente como ele quer que seja feito o serviço;

Se for necessário, seja um **consultor de beleza**: dê dicas e sugestões sobre o procedimento que mais se adéqua ao perfil dele;

Deixe claro para o cliente **o que será feito**, citando os produtos que serão utilizados;

Seja **ético**. Preste atenção no cliente e perceba as suas características. Alguns adoram conversar, outros preferem uma boa leitura, e há ainda aqueles que são indiferentes. Independentemente do perfil, seja **atencioso** e **agradável**;

Ao terminar o serviço, mostre o **resultado** ao cliente e verifique se ele gostou. Além disso, dê a ele todas as informações necessárias em caso de manutenção;

Preencha a **comanda** e explique ao cliente o que está sendo cobrado. Em seguida, encaminhe-o ao caixa e não se esqueça de agradecer pela preferência e de tentar agendar o próximo atendimento.

4

Por fim, a *quarta fase* está relacionada ao *pós-venda*, que, no caso dos salões de beleza, podemos chamar de *pós-serviço*. Essa etapa merece cuidado, já que os valores não podem ser somados de maneira errada. **Facilite** a forma de pagamento. Um bom salão oferece **formas diferentes de pagamento**, como cartão de crédito e cheque.

Para encerrar o atendimento, despeça-se do cliente e demonstre gratidão. Aproveite para dizer que ficou **satisfeiro** em atendê-lo e demonstre que quer vê-lo em breve.

Com essas atitudes simples, você terá condições de conquistar e manter os seus clientes, além de fazer a **diferença** no momento do atendimento!

Erros mais comuns durante o atendimento no salão de beleza:

- Não atender ao cliente no horário marcado;

- Expor o cliente em relação a serviços que possam deixá-lo constrangido (coloração, mechas, entre outros), em locais de grande circulação de pessoas;

- Cobrar um preço diferente do que foi combinado;

- Disponibilizar revistas desatualizadas na recepção;

- Fofocar na frente do cliente;

- Contar problemas particulares ou do salão ao freguês;

- Atender a dois clientes ao mesmo tempo;

- Deixar freguês "na mão" de assistentes.

Estudo de caso
Falhas de comunicação: entendi errado, e agora?

Este estudo de caso tem como base uma história real.

Kátia era uma engenheira de descendência japonesa, educada, reservada e tímida, que tinha o *hobby* de participar de concursos de karaokê. Ao retornar de suas férias na Europa, Kátia iria enfrentar a etapa final de um campeonato estadual de karaokê.

A engenheira, tinha como costume trazer de suas férias vários produtos de beleza. Nesta última, ela trouxe um creme que deveria proteger os cabelos do sol. Entretanto, ao passar o produto antes de entrar na piscina do clube ao qual era associada, Kátia verificou que o produto, em contato com o cloro da água e exposto ao sol, acabou por descolorir seus cabelos, deixando-os com manchas claras, que se alternavam com a cor natural (preto).

Como sempre frequentava o mesmo salão de beleza, a engenheira tentou marcar um horário com sua cabeleireira de confiança. Contudo, ao tentar entrar em contato, ela foi informada de que a profissional estaria ausente por um período de três meses. Mesmo assim, agendou um horário com outra profissional, visto que sua aparência deveria estar impecável para a final do campeonato, que se aproximava.

Ao chegar ao salão, com uma voz tímida e envergonha, Kátia solicitou que a cabeleireira "completasse o cabelo". E foi o que a profissional fez!

153

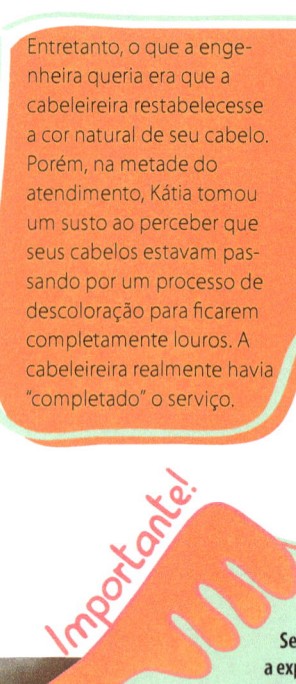

Entretanto, o que a engenheira queria era que a cabeleireira restabelecesse a cor natural de seu cabelo. Porém, na metade do atendimento, Kátia tomou um susto ao perceber que seus cabelos estavam passando por um processo de descoloração para ficarem completamente louros. A cabeleireira realmente havia "completado" o serviço.

Diante da gravidade da situação, a engenheira deixou de comparecer à final do concurso e ficou deprimida por vários dias. Envergonhada com o resultado, ela, para esconder os cabelos, passou a utilizar lenços escuros até que a cor natural fosse restabelecida.

Tendo em vista a história de Kátia, de quem você acha que foi a culpa pelo ocorrido? Como devemos proceder diante de uma situação como essa?

Importante!

Se você não entender a explicação do cliente, pergunte novamente. Se ele não conseguir explicar, tente ajudá-lo a se expressar.

Momento produção!

Este é um exercício de reflexão. Para que ele possa ser feito, use, como exemplo, o salão de beleza que você costuma frequentar. Com base na tabela a seguir, avalie o **estabelecimento** em relação ao **atendimento**. Em seguida, reflita sobre o resultado, comparando o salão que você frequenta ao que você administra.

Em sua avaliação, considere:

Ótimo – para os aspectos positivos que o salão precisa manter.

Bom – para os aspectos positivos que podem melhorar.

Regular – para os aspectos que necessitam de mudanças urgentes.

Ruim – para os aspectos que podem fazer com que o salão perca clientes e feche as portas.

Avaliação de campo	Ótimo	Bom	Regular	Ruim
1. Como você é recebido no salão?				
2. Qual é o nível de atenção dos profissionais dado a você?				
3. Você é ouvido atentamente pelo profissional?				
4. Você encontrou o que precisava em termos de serviços/produtos?				
5. O tempo gasto na recepção é razoável?				
6. O tempo de atendimento é o ideal?				
7. As respostas às suas perguntas são claras e objetivas?				
8. O atendimento é satisfatório?				
9. Como você avalia a disponibilidade de horários para o atendimento?				

6 Aspectos Legais

Quando se presta diretamente ao público serviços que envolvem a saúde do cliente e dos profissionais, **é preciso todo cuidado na precaução de transmissão de doenças e de reações adversas**, tais como: Aids, hepatites B e C, infecções, reações alérgicas, entre outras. Para isso, é necessário que as empresas **respeitem o código da legislação sanitária e sigam as normas de higiene**.

Importante!

De acordo com a legislação brasileira, toda empresa é obrigada a se registrar em determinados órgãos, que lhes darão autorização para que deem início e continuidade às suas atividades.

No caso dos salões de beleza, estes devem submeter-se a algumas leis, normas e regulamentos, tanto em âmbito federal como estadual e municipal, para que possam ter suas atividades regulamentadas e fiscalizadas. Essa determinação tem como objetivo *garantir os direitos dos consumidores e os deveres das empresas que vendem ou prestam serviços*.

Vigilância sanitária

A **Anvisa** – Agência Nacional de Vigilância Sanitária – foi criada em 1999 (até então, era conhecida como *Secretaria de Vigilância Sanitária*). É um órgão com finalidade de *regular e autorizar a produção, a comercialização e o uso de medicamentos, equipamentos e materiais* usados por hospitais, farmácias e profissionais da área da saúde e bem-estar etc., e está presente em todos os estados brasileiros. Além das atribuições que já citamos, a Vigilância Sanitária tem como responsabilidade *a fiscalização, avaliação e concessão de licença de funcionamento* a todos os estabelecimentos que vendem produtos ou serviços de manicure, pedicure, esteticista, tratamento de cabelos, maquiagem e tudo que afete a saúde do consumidor.

Mas o que é a **Vigilância Sanitária?**

[...] é conjunto de ações capazes de eliminar, diminuir ou prevenir riscos à saúde e de intervir nos problemas sanitários decorrentes do meio ambiente da produção e da circulação de bens e da prestação de serviços da saúde, abrangendo: 1 – *o controle de bens de consumo que indiretamente se relacionem com a saúde*, compreendidas todas as etapas de processo, da produção ao consumo; 2 – *o controle da prestação de serviços que se relacione direta ou indiretamente com a saúde*. (Anvisa, 2002, grifo nosso).

A regulamentação da Vigilância Sanitária é de suma importância para os salões, pois ela abrange desde a **industrialização até o consumo final de produtos e serviços**, proporcionando *mais segurança ao consumidor*. Para os salões, é imprescindível dispor de toda a documentação exigida pela Vigilância Sanitária, além de estarem regulamentados e seguros quanto à fiscalização. **Isso se torna um diferencial diante do seu cliente, que se sente mais seguro**.

Inspeção sanitária é a avaliação de estabelecimentos, serviços de saúde, produtos, condições ambientais de abrangência da Vigilância Sanitária, exigindo julgamento de valor sobre a situação verificada. (Anvisa, 2002)

A intervenção da Vigilância Sanitária para a área de beleza se dá desde a "forma de produção, armazenamento, transporte e uso pelo consumidor de cosméticos, perfumes e produtos de higiene pessoal e limpeza domiciliar" (Rio do Grande do Norte, 2007).

A Lei nº 6.360, de 23 de setembro de 1976, regulamentada pelo Decreto nº 79.094, de 5 de janeiro de 1977, dispõe sobre a vigilância à qual estão sujeitos, além dos medicamentos, as drogas e os insumos farmacêuticos, os cosméticos e correlatos.

Os salões necessitam do Alvará de Funcionamento. Esse alvará é adquirido após a vistoria do estabelecimento, realizada pelo corpo de bombeiros do município.

Fique atento!

E que documento é expedido pela Vigilância Sanitária? "**Alvará Sanitário**: Após a inspeção do local para verificação de procedimentos, finalidades, equipamentos, e estando tudo em conformidade com padrões exigidos pela lei, é autorizado o funcionamento e ao controle sanitário" (Rio Grande do Norte, 2007).

Vistoria realizada pelo corpo de bombeiros

O imóvel que abriga um salão de beleza precisa estar em **perfeitas condições de habitabilidade**. Por isso, é necessário que se faça uma **vistoria**. Esse trabalho fica sob responsabilidade do corpo de bombeiros do município.

Cada região tem a regulamentação específica de atuação, mas, basicamente, as vistorias têm a finalidade de **avaliar a condição ideal do imóvel** para, em seguida, conceder a liberação do local, mediante o Certificado de Vistoria e Conclusão de Obras (CVCO – o conhecido ***habite-se***). No caso de edificações novas (recém-construídas), reformadas ou ampliadas, e também para a liberação do **Alvará de Funcionamento** de estabelecimentos comerciais, industriais, prestadores de serviços e residenciais multifamiliares, a responsabilidade e a autoridade são da prefeitura municipal da cidade.

Importante!

É também direito e atribuição do corpo de bombeiros ou representante na região *realizar vistorias preventivas e fiscalizadoras*, em qualquer estabelecimento no município, quando **houver risco iminente**.

Qual deve ser o procedimento de solicitação da vistoria?

O interessado deve dirigir-se ao quartel do corpo de bombeiros de sua cidade, a fim solicitar a vistoria mediante requerimento e procedimentos próprios.

De acordo com o documento elaborado pelo Serviço Brasileiro de Apoio às Micro e Pequenas Empresas de São Paulo (Sebrae-SP), chamado *Beleza com Segurança* (Fiorentini, 2011), **empresas de serviços de beleza devem oferecer segurança aos seus clientes**, obedecendo a exigências da Vigilância Sanitária. Para isso, são necessários:

- **Área mínima de 10m²**, necessária para a instalação de itens básicos do salão, como uma cadeira para cabeleireiro, um lavatório, bancadas de manicure e pedicure, bem como cadeiras para a recepção de clientes.

- **Iluminação e ventilação (natural ou artificial) adequadas**, que possibilitem aos profissionais executarem os procedimentos em boas condições visuais e com segurança, e em ambiente arejado;

- **Instalações elétricas adequadas à quantidade de aparelhos**, evitando extensões e riscos de sobrecarga. A fiação não pode estar exposta, o que significa risco de curto-circuito.

Quanto às condições do prédio e das instalações, a Vigilância Sanitária estipula as seguintes especificações: as **paredes e os pisos precisam ser laváveis**; Os ralos precisam ter condições de fechamento e tela milimétrica, para evitar que insetos e roedores venham da rede de esgoto;

Água potável e rede de esgoto;

Os móveis do salão devem possuir **superfície lisa;**

Deve haver **armários para uso dos profissionais;**

É necessário **banheiro para funcionários.** Este deve ter pia, água corrente, sabonete líquido e toalha de papel;

Local apropriado, com pia para lavagem e limpeza do material utilizado pelos profissionais: bacias, escovas de cabelo, espátulas, alicates, pentes, entre outros;

Equipamentos, estufas e autoclave, para esterilização dos materiais utilizados;

Banheiros para a clientela, observando os públicos diferentes (masculino e feminino), com estrutura mínima (sabonete líquido, papel toalha, água corrente e pia);

Separação do lixo comum do lixo reciclável;

Estrutura adequada à lavagem de material de limpeza, como panos e outros materiais.

Momento produção!

Visite os salões de beleza perto de sua residência ou os que se encontram em seu trajeto cotidiano e avalie se eles obedecem às especificações determinadas por lei. Caso esses estabelecimentos estejam em falta com as normas estipuladas na legislação, faça sugestões para que eles reparem essas pendências.

Descarte de materiais e embalagens

As atividades de um salão de beleza geram resíduos e sobras que são despejados pelo ralo ou jogados no lixo comum, causando prejuízo ao meio ambiente.

Ainda não existe uma legislação própria que regulamente os procedimentos a serem seguidos quando do despejo desses materiais e as punições em caso de não cumprimento das normas. Mas isso não é razão para que você descarte os materiais utilizados em seu salão de modo inadequado. Em um mundo que se preocupa cada vez mais com o destino de seus resíduos, sejam eles quais forem, *é importante buscar e seguir orientações que visem à proteção do meio ambiente.*

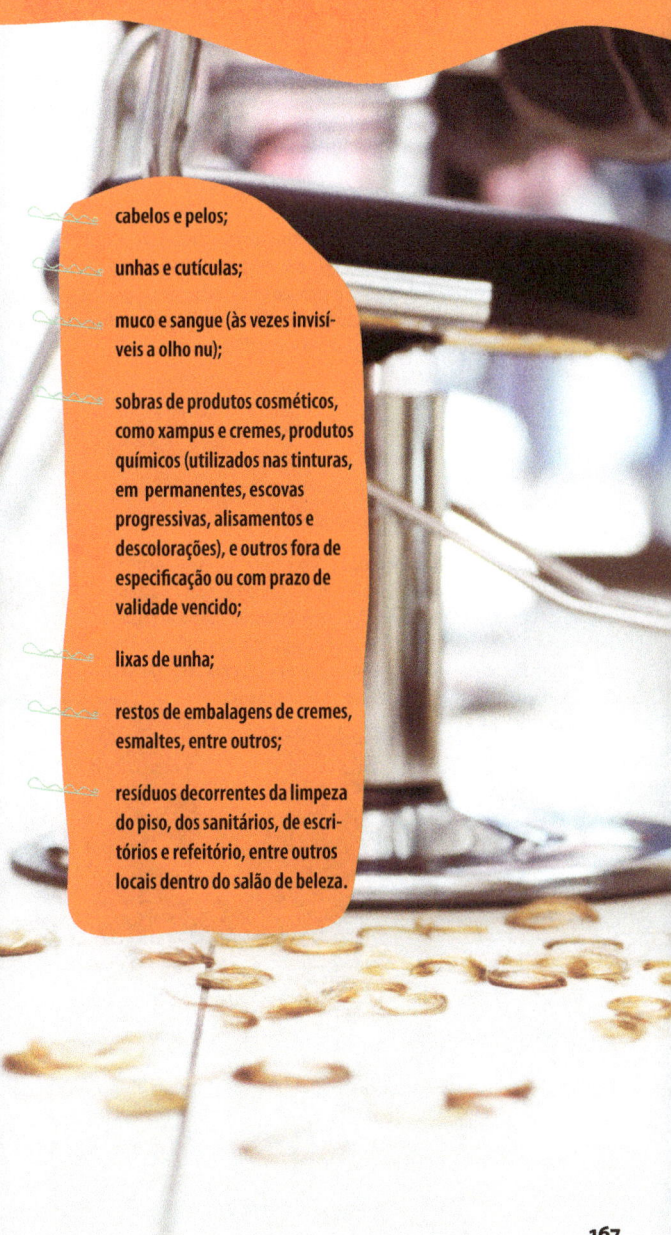

Veja, a seguir, alguns exemplos de resíduos, biológicos e não biológicos, que são despejados diária ou periodicamente pelos salões de beleza:

- cabelos e pelos;
- unhas e cutículas;
- muco e sangue (às vezes invisíveis a olho nu);
- sobras de produtos cosméticos, como xampus e cremes, produtos químicos (utilizados nas tinturas, em permanentes, escovas progressivas, alisamentos e descolorações), e outros fora de especificação ou com prazo de validade vencido;
- lixas de unha;
- restos de embalagens de cremes, esmaltes, entre outros;
- resíduos decorrentes da limpeza do piso, dos sanitários, de escritórios e refeitório, entre outros locais dentro do salão de beleza.

Como você pode observar, o salão de beleza despeja um bocado de resíduos. **Mas como dar destino a eles, de forma a não prejudicar o meio ambiente e transformar o estabelecimento em uma empresa ecologicamente sustentável?** Segundo a regulamentação da Anvisa, os resíduos dos salões de beleza são controlados de acordo com os grupos em que estão classificados – *A, B, D e E*. Veja a descrição de cada tipo de resíduo e o modo de descarte destes.

Grupo A (Resíduos infectantes) — Apresentam "risco potencial à saúde pública e ao meio ambiente devido à presença de agentes biológicos" (CVS, 2011). São as cutículas retiradas, o algodão com resíduo de sangue e as folhas plásticas utilizadas na depilação etc. **Destino do resíduo**: lixeira acionada por pedal, com saco branco leitoso e identificado.

Grupo B (Resíduos químicos) — São os que "apresentam risco [em] potencial à saúde pública e ao meio ambiente devido às suas características químicas" (CVS, 2011). Contêm resíduos de substâncias químicas (bisnagas de tinturas, embalagens plásticas com produtos químicos, papel alumínio usado para tintura de cabelo, vidros de esmalte, *spray* e acetona etc.). **Destino do resíduo**: lixeira identificada, acionada por pedal.

Lembre-se!

Separe o lixo! O acondicionamento é de sua responsabilidade.

Quanto ao destino? Informe-se na sua região sobre a coleta seletiva.

A sua saúde e o meio ambiente agradecem!

Grupo D (Resíduos comuns) – Não apresentam riscos biológicos, químicos ou radiológicos à saúde ou ao meio ambiente, podendo ser equiparados aos resíduos domésticos. São os copos descartáveis, os papéis em geral, os restos de cabelo, as embalagens de xampu, as lixas, o papel higiênico e os absorventes etc. **Destino do resíduo**: lixeiras identificadas, acionadas por pedal, com saco preto para acondicionamento.

Grupo E (Material perfurocortante ou escarificante) – Tais como refis de navalhas, pinças, tesouras. **Destino do resíduo**: caixa rígida, resistente à ruptura e ao vazamento, com tampa, devidamente identificada.

Importante!

Evite o consumo em excesso. Prefira as **embalagens maiores e os refis**.
Observe atentamente as orientações e os cuidados descritos nas embalagens.
Certifique-se de que a diluição está correta, quando for o caso.
Atente para a toxidade do produto, observando as medidas de segurança.

Momento produção!

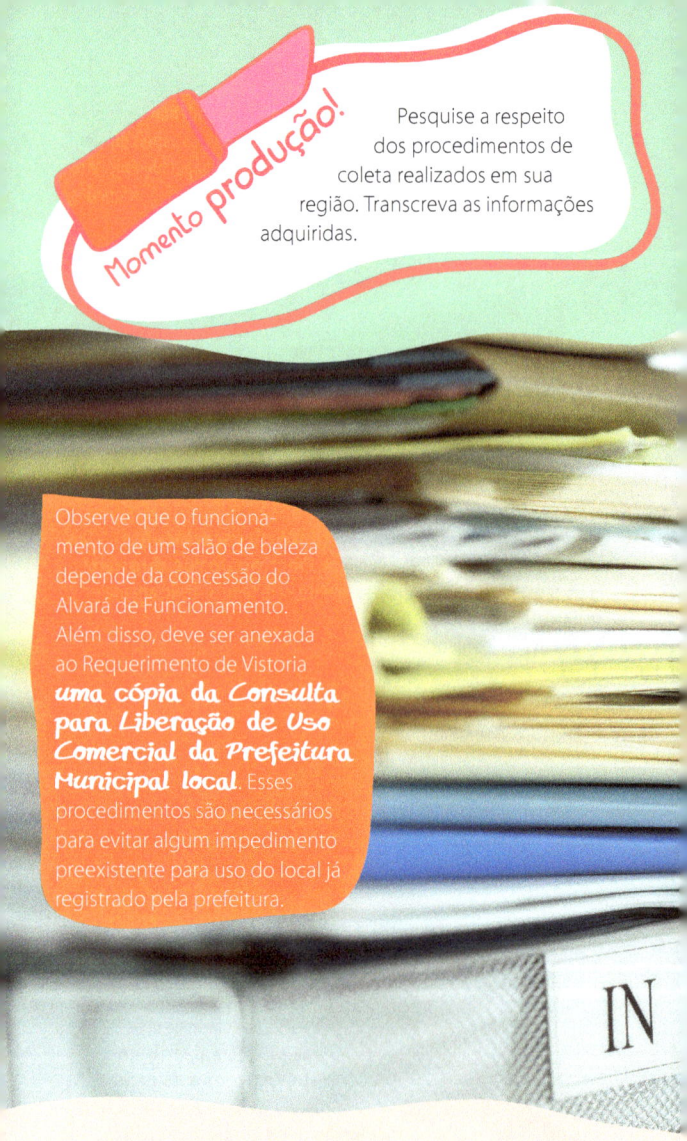

Pesquise a respeito dos procedimentos de coleta realizados em sua região. Transcreva as informações adquiridas.

Observe que o funcionamento de um salão de beleza depende da concessão do Alvará de Funcionamento. Além disso, deve ser anexada ao Requerimento de Vistoria **uma cópia da Consulta para Liberação de Uso Comercial da Prefeitura Municipal local**. Esses procedimentos são necessários para evitar algum impedimento preexistente para uso do local já registrado pela prefeitura.

De acordo com Fernandes (2010, p. 72),

> Para o caso de concessão do Certificado de Vistoria e Conclusão de Obra CVCO (habite-se), deverá ser apresentado o Projeto de Prevenção de Incêndio, juntamente com uma cópia do Alvará de Construção emitido pela Prefeitura Municipal local ou a Planta de Situação e Estatística do Projeto Arquitetônico, aprovado pela Prefeitura Municipal local.

Além desses documentos, uma taxa deve ser paga pelo serviço de vistoria. Esta será realizada **no prazo médio de 10 dias úteis**. Em Curitiba, por exemplo, esse prazo pode variar de acordo com a localidade.

O salão receberá o documento da vistoria no ato do procedimento. Caso haja alguma irregularidade, *observe os procedimentos e a legislação vigentes de sua localidade para a regularização.*

Para se familiarizar com os documentos que podem ser emitidos após a vistoria, acompanhe as orientações do corpo de bombeiros de sua cidade. Citaremos, de acordo com Fernandes (2010, p. 72, grifo nosso), as orientações indicadas pela corporação em Curitiba, as quais estão descritas a seguir. Porém, *não se esqueça de se informar sobre as particularidades de sua localidade*.

Documentos emitidos após vistorias

Laudo de Vistoria – indica que a obra nova, reformada ou ampliada, está de acordo com a legislação preventiva, sendo necessária a apresentação deste documento junto a Prefeitura Municipal local para a concessão do Certificado de Vistoria e Conclusão de Obras "CVCO" ("Habite-se").

Certificado de Vistoria – indica que o estabelecimento está de acordo com a legislação preventiva, no corrente ano, sendo necessária a apresentação deste documento junto a Prefeitura Municipal local para a concessão do Alvará de Funcionamento ou Liberação de Uso Comercial.

Relatório de Vistoria – indica que foram constatadas irregularidades no estabelecimento quanto ao seu sistema preventivo. Após adequação das irregularidades, deverá ser reencaminhado o processo para a realização de nova vistoria.

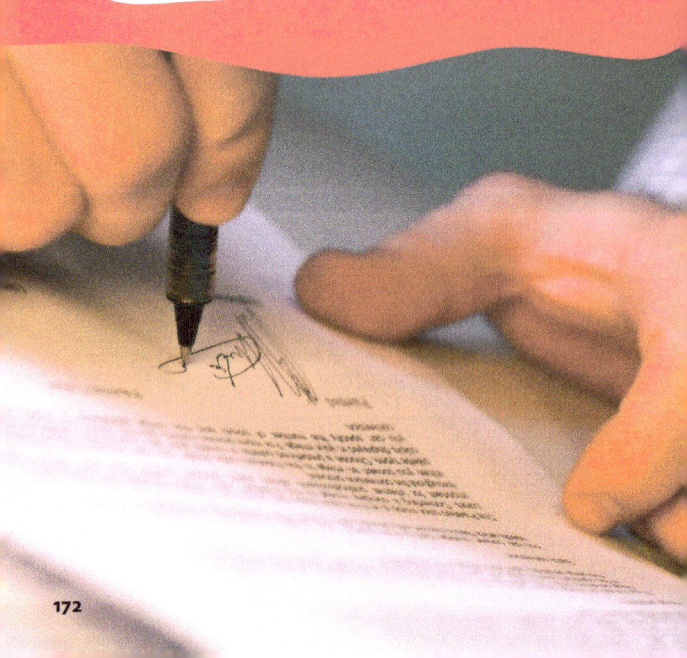

Fique atento!

Para sua segurança, exija a identificação dos vistoriadores e, em caso de dúvida, informe-se antecipadamente com o órgão fiscalizador sobre eventual pagamento de taxas ou vantagens.

Em que consiste a vistoria realizada pelo corpo de bombeiros? Verificação da existência ou não do sistema de proteção contra incêndios da edificação, bem como sua adequação e funcionamento, além das condições de estrutura e segurança do imóvel para o funcionamento do salão.

Notificação – indica que o sistema preventivo do estabelecimento está em situação irregular quanto à legislação preventiva, sendo que no prazo máximo de 30 (trinta) dias, deverá regularizar ou dar início à regularização dos itens em desacordo;

Certificado de Reprovação indica que, mesmo após a emissão de Relatório de Vistoria e/ou Notificação o sistema preventivo do estabelecimento, não foi regularizado. Neste caso não será emitido pela Prefeitura Municipal local o documento de liberação (Alvará de Funcionamento e/ou Certificado de Vistoria e Conclusão de Obra "CVCO"); uma cópia do Certificado de Reprovação será encaminhada à Secretaria Municipal do Urbanismo para as providências cabíveis, que poderão ser: multa, embargo, interdição temporária, denegação ou cancelamento do Alvará de Funcionamento.

Momento produção!

Que tal pesquisar sobre os cuidados quanto à utilização de materiais elétricos, como secadores e pranchas? Aproveite e registre o que descobrir.

Considerações finais

Nesta obra, você pôde adquirir **noções básicas** de administração, que envolveram questões como o **planejamento**, a **organização** e o **controle** de um negócio. Para que o seu salão de beleza seja **bem sucedido**, você precisa utilizar esses conhecimentos em seu **dia a dia**.

Nesse contexto, é importante **que você estude o seu negócio! Controle os custos e tente reduzi-los ao máximo**. Isso aumentará a **lucratividade** do seu salão. Além disso, **consulte** seus clientes e fique por dentro de **novos produtos e serviços**. Lembre-se de que o **planejamento** e a **proatividade** são atitudes que irão mantê-lo **à frente** no mercado de trabalho. **Ouse fazer mais!**

Seja organizado: não misture suas contas pessoais com as do salão. Lembre-se de que essa é sua **atividade profissional**. Vale ressaltar também que é importante que você **defina, previamente, qual será o seu horário de trabalho**, os seus **dias de folga** e o modo de atender aos **clientes**.

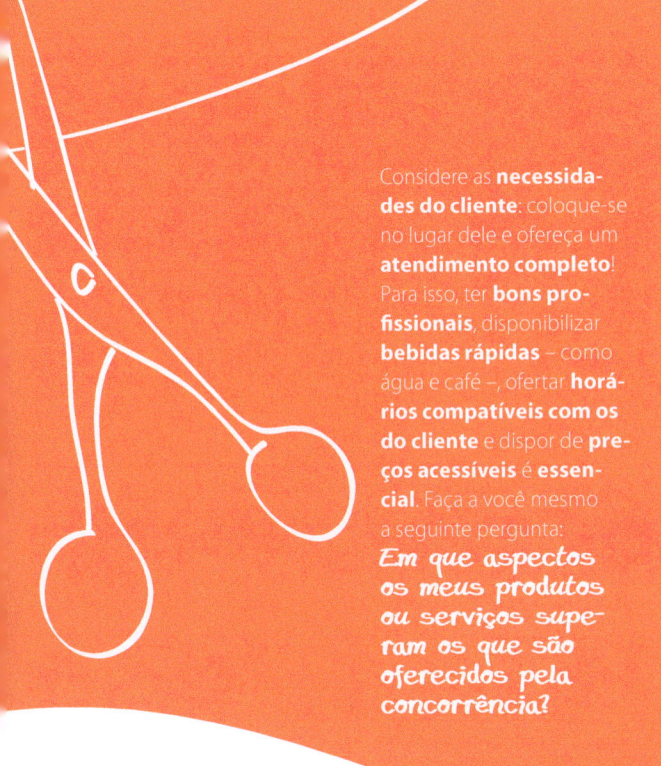

Considere as **necessidades do cliente**: coloque-se no lugar dele e ofereça um **atendimento completo**! Para isso, ter **bons profissionais**, disponibilizar **bebidas rápidas** – como água e café –, ofertar **horários compatíveis com os do cliente** e dispor de **preços acessíveis** é **essencial**. Faça a você mesmo a seguinte pergunta: *Em que aspectos os meus produtos ou serviços superam os que são oferecidos pela concorrência?*

Encare com **disciplina** a gestão do seu negócio. **Avalie os resultados**, **corrija as falhas** e **encontre as soluções** para os problemas. **Saiba arriscar!**

Além de todas essas atitudes, aproveite as épocas de menor movimento para **reorganizar** o seu salão de beleza. Nesses períodos, promova **treinamentos**, **eventos**, **congressos** e **oficinas de leitura** para estimular o **crescimento pessoal** e **profissional** de seus funcionários.

Sucesso pra você!

Referências

AGÊNCIA EFE. Mercado de beleza brasileiro quintuplica seu faturamento em 13 anos. **Época Negócios**, 3 abr. 2011. Disponível em: <http://epocanegocios.globo.com/Revista/Common/0,,EMI223194-16357,00-MERCADO+DE+BELEZA+BRASILEIRO+QUINTUPLICA+SEU+FATURAMENTO+EM+ANOS.html>. Acesso em: 8 nov. 2011.

AGUIAR, E.; MEDEIROS, S. G. **Perfis de negócio**: salão de beleza. Recife: Sebrae, 2009.

ALMEIDA, S. **Ah! Eu não acredito**: como cativar o cliente através de um fantástico atendimento. Salvador: Casa da Qualidade, 2001.

ALVARENGA, D. Renda maior aumenta gastos com beleza e faz de salão o negócio da vez. **G1**, 2 set. 2011. Disponível em: <http://g1.globo.com/economia/pme/noticia/2011/09/renda-maior-aumenta-gastos-com-beleza-e-faz-de-salao-o-negocio-da-vez.html>. Acesso em: 8 nov. 2011.

ANDRADE, C. F. **Marketing**: O que é? Quem faz? Quais as tendências? 2. ed. rev., atual. e ampl. Curitiba: Ibpex, 2010.

ANVISA – Agência Nacional de Vigilância Sanitária. **Cartilha de vigilância sanitária**. 2 ed. 2002. Disponível em: <http://www.anvisa.gov.br/institucional/snvs/coprh/cartilha.pdf>. Acesso em: 11 nov. 2011.

BELEZA de mercado: previsão de crescimento de 30% favorece negócios e contratações. **O Globo Online**, 14 mai. 2011. Disponível em: <http://oglobo.globo.com/economia/boachance/mat/2011/05/14/beleza-de-mercado-previsao-de-crescimento-de-30-favorece-negocios-contratacoes-924466270.asp>. Acesso em: 8 nov. 2011.

BELLAGUARDA, G. M.; BRAGA, A. V. **Salões de beleza**. Porto Alegre: Sebrae/RS, 2006. (Coleção O Que Você Precisa Saber Sobre, v. 7). Disponível em: <http://pt.scribd.com/doc/48825091/SALAO-DE-BELEZA>. Acesso em: 11 nov. 2011.

BESSI, B. Beleza com toque masculino. **iG**, 25 jan. 2011. Disponível em: <http://economia.ig.com.br/financas/seunegocio/beleza+com+toque+masculino/n1237963953740.html>. Acesso em: 8 nov. 2011.

BONAVITA, J. R.; DURO, J. **Marketing para não marqueteiros**: introdução ao marketing em mercados competitivos. 3. ed. Rio de Janeiro: Senac Rio, 2008.

BRASIL. Decreto n. 79.094, de 5 de janeiro de 1977. **Diário Oficial da União**, Poder Executivo, Brasília, DF, 7 jan. 1977. Disponível em: <http://www6.senado.gov.br/legislacao/ListaPublicacoes.action?id=102379&tipoDocumento=DEC&tipoTexto=PUB>. Acesso em: 9 nov. 2011.

BRASIL., Decreto-lei n. 5.452, de 1º de maio de 1943. **Diário Oficial da União**, Poder Executivo, Brasília, DF, 9 ago. 1943. Disponível em: <http://www.planalto.gov.br/ccivil_03/decreto-lei/Del5452.htm>. Acesso em: 10 nov. 2011.

_____. Lei n. 6.360, de 23 de setembro de 1976. **Diário Oficial da União**, Poder Executivo, Brasília, DF, 24 set. 1976. Disponível em: <http://www6.senado.gov.br/legislacao/ListaPublicacoes.action?id=123654&tipoDocumento=LEI&tipoTexto=PUB>. Acesso em: 9 nov. 2011.

BRASIL PROFISSÕES. **Maquiador**. Disponível em: <http://www.brasilprofissoes.com.br/profissoes/maquiador>. Acesso em: 10 nov. 2011.

CARNEIRO, W. **Gestão financeira**. Dicas Sebrae – Salão de beleza. Recife, 2010. Disponível em: <http://201.2.114.147/bds/BDS.nsf/494155D0D27CFC838325783300611347/$File/NT00045346.pdf>. Acesso em: 10 nov. 2011.

CARVALHO, L. M. G. de. **Introdução à teoria geral da administração**. Caderno pedagógico para o curso Técnico em Administração. Maringá, 2008. Disponível em: <http://pt.scribd.com/doc/51189246/5/CONCEITO-DE-ADMINISTRACAO>. Acesso em: 2 out. 2011.

CIENTEC – Centro Integrado de Ensino Técnico. **Curso Técnico em Estética**. Disponível em: <http://cientecmt.com.br/site/index.php?option=com_content&view=article&id=71&Itemid=131>. Acesso em: 10 nov. 2011.

COELHO, C. U. F.; BOTINI, J.; VALENÇA, M. T. **Salão de Beleza**: estrutura e funcionamento. Rio de Janeiro: Senac, 2005.

CONSULTOR. In: HOUAISS, A.; VILLAR, M. de. S. **Dicionário Houaiss da língua portuguesa**. Rio de Janeiro: Instituto Antônio Houaiss: Objetiva, 2009. p. 532.

CVS – Centro de Vigilância Sanitária. **Leis e normas técnicas sobre resíduos sólidos de serviços de saúde de interesse para a Vigilância Sanitária**. Disponível em: <http://www.cvs.saude.sp.gov.br/publ_leis1.asp>. Acesso em: 9 nov. 2011.

DOLABELA, F. **O segredo de Luísa**: uma ideia, uma paixão e um plano de negócios – como nasce o empreendedor e se cria uma empresa. São Paulo: Cultura Editores Associados, 2004.

EMISSÃO de RPA – Recibo de Pagamento a Autônomo. **ControleNaNet**. Disponível em: <http://www.controlenanet.com.br/rpa/rpa.php>. Acesso em: 11 nov. 2011.

FERNANDES, I. R. **Engenharia de segurança contra incêndio e pânico**. Curitiba: CREA-PR, 2010. Disponível em: <http://pt.scribd.com/doc/71001108/Livro-Engenharia-de-Seguranca-Contra-Incendio-e-Panico-Ivan-Ricardo-Fernandes-CB-PR>. Acesso em: 9 nov. 2011.

FIORENTINI, S. R. B. **Exigência da Vigilância Sanitária para salão de beleza**: beleza com segurança. Disponível em: <http://www.hairbrasil.com/congresso/sebrae2009/fiorentini.pdf>. Acesso em: 11 nov. 2011.

_____. **Beleza com segurança**. Disponível em: <www.hairbrasil.com/congresso/sebrae2009/fiorentini.pdf>. Acesso em: 11 nov. 2011.

GALVEZ, C. Beleza é mercado de trabalho promissor. **Diário do Grande ABC**, 12 set. 2011. Disponível em: <http://www.dgabc.com.br/News/5912883/beleza-e-mercado-de-trabalho-promissor.aspx>. Acesso em: 8 nov. 2011.

GONÇALVES, G. **Rotinas trabalhistas de A a Z**. 2. ed. Curitiba: Juruá, 2009.

HOLANDA, A. B. de. **Novo dicionário eletrônico Aurélio**. versão 5.1 1. Curitiba: Positivo, 2004. 1 CD-ROM.

IORIO, C. S. **Manual de administração de pessoal**. São Paulo: Senac, 1996.

KOTLER, P. **Administração de marketing**. 10. ed. São Paulo: Prentice Hall, 2000.

LUZ, M. **Treinando a excelência no atendimento ao cliente**. ABTD – Associação Brasileira de Treinamentos e Desenvolvimento. Plenitude Soluções Empresariais, 2007.

MARINHO, G. M. **Sociedade empresária e sociedade simples**. Disponível em: <http://www.franca.unesp.br/artigos/Guilherme_Marinho.pdf>. Acesso em: 11 nov. 2011.

MATOS, A. C. de.; MELCHOR, P.; FIORENTINI, S. R. B. **Salão de beleza**. Brasília: Sebrae, 2004. (Coleção Comece Certo, v. 31).

MEROS DEVANEIOS. **Um cemitério de palavras perdidas**. Disponível em: <http://cemiteriodaspalavrasperdidas.blogspot.com>. Acesso em: 11 nov. 2011.

MILANI, A.; VIDOTTO, S. **Organização de uma empresa de beleza**. São Paulo: Senac, 1994. (Coleção Apontamentos, v. 10).

NEUBURGER, R. **O grande livro das melhores estratégias para sua carreira**. Curitiba: Ibpex, 2011.

NEVES, M. C.; RAMAL, S. **Pequenos negócios em comércio e serviços**. Rio de Janeiro: Senac, 2008. Disponível em: <http://books.google.com.br/books?id=t_RxXVSO7PMC&pg=PA9&hl=pt-BR&source=gbs_toc_r&cad=4#v=onepage&q&f=false>. Acesso em: 11 nov. 2011.

PARANÁ. Governo do Estado. Casa Civil. Lei n. 13.976, de 26 de dezembro de 2002. **Diário Oficial do Estado do Paraná**, Curitiba, 27 dez. 2002. Disponível em: <http://celepar7cta.pr.gov.br/SEEG/sumulas.nsf/319b106715f69a4b03256efc00601826/ad3fc5aa08b1441003256e9900690db2?OpenDocument>. Acesso em: 9 nov. 2011.

PARANÁ. Governo do Estado. **Junta Comercial do Paraná**. Disponível em: <http://www.juntacomercial.pr.gov.br/>. Acesso em: 11 nov. 2011.

PARENTE, J. **Varejo no Brasil**: gestão e estratégia. São Paulo: Atlas, 2000.

PIATTI, I. L. Profissão esteticista – ética na estética. **Sociedade da Estética**. Disponível em: <http://sociedade-da-estetica.blogspot.com/2008/04/profisso-esteticista-tica-na-esttica.html>. Acesso em: 10 nov. 2011.

PORTAL DO EMPREENDEDOR. **Empreendedor individual**. Disponível em: <http://www.portaldoempreendedor.gov.br/modulos/entenda/oque.php>. Acesso em: 11 nov. 2011.

PORTELA, K. Nova classe média abre filão para pequenas empresas. **Home Ig**, São Paulo, 17 maio 2010. (Seu Negócio). Disponível em: <http://economia.ig.com.br/financas/seunegocio/nova+classe+media+abre+filao+para+pequenas+empresas/n1237615414180.html>. Acesso em: 11 nov. 2011.

VALENÇA, M. T.; RACY, A. B. F.; KRITZ, S. **Salão de beleza**: o profissional é você. Rio de Janeiro: Senac, 1999.

RIO GRANDE DO NORTE. Secretaria de Estado da Saúde Pública. Coordenadoria de Promoção à saúde. Subcoordenadoria de Vigilância Sanitária. **Guia para implantação da Vigilância Sanitária Municipal**. 2007. Disponível em: <http://www.anvisa.gov.br/institucional/snvs/descentralizacao/guia_implantacao_visa.pdf>. Acesso em: 11 nov. 2011.

SIMÕES, K. Aromas que vendem. **Pequenas Empresas & Grandes Negócios**. São Paulo, nº 246, jul. 2009. Disponível em: <http://revistapegn.globo.com/Empresasenegocios/0,19125,ERA463263-2491-1,00.html>. Acesso em: 16 nov. 2011.

WIESE, G. Gerenciamento de equipes. **RH Portal**. Jan. 2007. Disponível em: <http://www.rhportal.com.br/artigos/wmview.php?idc_cad=unq5rej3i>. Acesso em: 10 nov. 2011.

Sobre as autoras

Maria Sueli Mendonça, natural de Goiás, é formada em Administração pelo Centro Universitário de Anápolis (GO) e pós-graduada em Metodologia do Ensino Superior pela Universidade Estadual de Goiás (UEG) e em Gestão Estratégica de Produção pela Universidade Tecnológica Federal do Paraná (UTFPR). De 2006 a 2008, atuou como docente no curso de graduação em Direito da Faculdade Raízes, Anápolis (GO), e ministrou aulas de gestão para o curso de formação de cabelereiros do Senac Goiás. Atualmente, cursa Docência do Ensino Profissional pelo Serviço Nacional de Aprendizagem Comercial do Paraná (Senac Paraná) em Curitiba. Atualmente, é professora dos cursos de Gestão de Negócios – que formam profissionais para áreas relacionadas aos serviços de beleza (cabeleireiro, maquiador, manicure e pedicure) – e Podologia do Senac Paraná.

Rosane Succk Tavares, natural de Natal, é graduada em Letras pelo Centro Universitário Campos de Andrade (Uniandrade), em Curitiba. Especialista em Gestão Estratégica de Recursos Humanos pela Universidade Castelo Branco (UCBRJ), atualmente cursa pós-graduação em Docência para a Educação Profissional pelo Senac Rio de Janeiro. Atuou no setor bancário durante 24 anos no qual ocupou, entre outras funções, o cargo de analista de Organização e Métodos de Trabalho –, o que lhe deu vasta experiência na área de atendimento ao cliente. Há dez anos, é instrutora de educação profissional na área de Gestão de Negócios e Recursos Humanos – nos cursos de beleza (cabeleireiro, maquiador, manicure e pedicure) e no curso técnico de Podologia – do Senac Paraná.

Rua Clara Vendramin, 58 . Mossunguê
CEP 81200-170 . Curitiba . PR . Brasil
Fone: (41) 2106-4170
www.intersaberes.com
editora@editoraintersaberes.com.br

CONSELHO EDITORIAL
Dr. Ivo José Both (presidente)
Dr.ª Elena Godoy
Dr. Nelson Luís Dias
Dr. Neri dos Santos
Dr. Ulf Gregor Baranow

EDITORA-CHEFE
Lindsay Azambuja

SUPERVISORA EDITORIAL
Ariadne Nunes Wenger

ANALISTA EDITORIAL
Ariel Martins

PREPARAÇÃO DE ORIGINAIS
Amanda Santos Borges
Raphael Moroz
Tiago Marinaska

CAPA
João Leviski Alves
Sílvio Gabriel Spannenberg

FOTOGRAFIA DA CAPA
Raphael Bernadelli

PROJETO GRÁFICO
João Leviski Alves
Stefany Conduta Wrublevski

DIAGRAMAÇÃO
Fernando Zanoni Szytko
João Leviski Alves
Roberto dos Santos Querido
Stefany Conduta Wrublevski

FOTOGRAFIAS
Panther Media, Photos to GO,
Thinkstock, Ingimage, Comstock,
Raphael Bernadelli.

ICONOGRAFIA
Danielle Scholtz

AGRADECIMENTOS:
Salão Le Beauté (le_beaute@hotmail.com)
Dieice Marilia de Bonfim, Fernanda dos Santos Cordeiro, Karina K.
Matozo, Priscilla Cesar, Rafaela Roberta Cordeiro (modelos das fotos)

Dados Internacionais de Catalogação na Publicação (CIP)

Mendonça, Maria Sueli
    Gestão de salões de beleza / Maria Sueli Mendonça, Rosane Succk Tavares. –
Curitiba: InterSaberes, 2012.

    Bibliografia
    ISBN 978-85-8212-115-3

    1. Institutos de beleza – Administração I. Tavares, Rosane Succk II. Título.

12-07892   CDD-646.72068

Índices para catálogo sistemático:

1. Salão de beleza : Gestão   646.72068

1ª edição, 2012.
Foi feito o depósito legal.

Informamos que é de inteira responsabilidade das autoras a emissão de conceitos.
Nenhuma parte desta publicação poderá ser reproduzida por qualquer meio ou forma sem a prévia autorização da Editora InterSaberes.
A violação dos direitos autorais é crime estabelecido na Lei nº 9.610/1998 e punido pelo art. 184 do Código Penal.

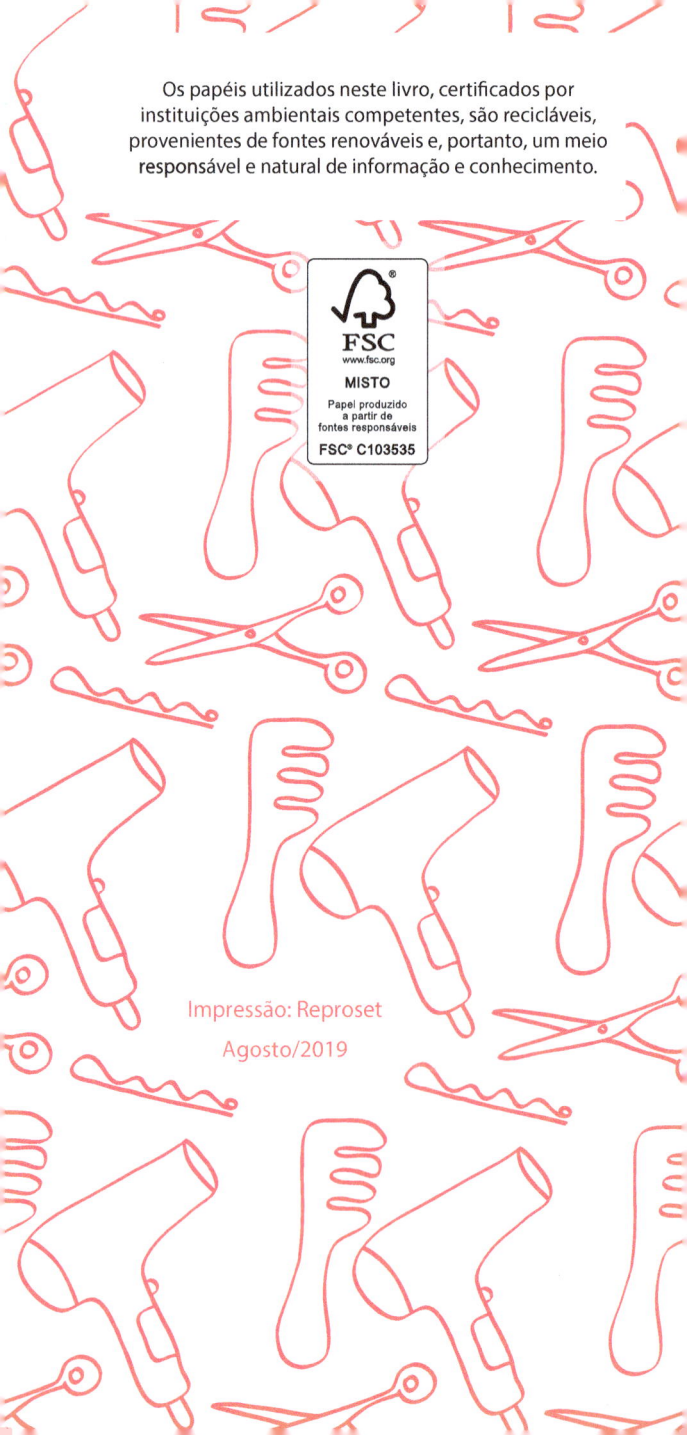

Os papéis utilizados neste livro, certificados por instituições ambientais competentes, são recicláveis, provenientes de fontes renováveis e, portanto, um meio **respons**ável e natural de informação e conhecimento.

Impressão: Reproset
Agosto/2019